Petite histoire
du judaïsme

DANS LA MÊME SÉRIE

Petite histoire de l'islam, Librio n° 844

Jean-Christophe Attias,
Esther Benbassa

Petite histoire du judaïsme

Librio

Inédit

La série « Petite histoire des religions » en Librio
est dirigée par Jean Baubérot

Sommaire

AVANT-PROPOS

L'histoire du judaïsme reste mal connue des non-spécialistes et en faire le récit pour un vaste public est une belle gageure qu'Esther Benbassa et Jean-Christophe Attias ont brillamment réussie.

Le judaïsme a été souvent considéré à partir de son excroissance (sa déviation, pour les juifs) chrétienne. Prenant racine dans un terreau juif, le christianisme s'est voulu l'héritier des croyances et de l'espérance messianique juives. Il a baptisé « Ancien Testament » l'ensemble des livres sacrés où elles étaient consignées et a, au mieux, ignoré le Talmud. Dans la connaissance de l'histoire que possède le « francophone moyen », le judaïsme disparaît souvent à la fin du Ier siècle. Il ne réapparaît qu'avec la Révolution française, et de façon fort vague.

De plus, quand on s'intéresse à l'histoire du judaïsme, on le fait souvent par le biais de l'antisémitisme. Or si l'histoire de l'antisémitisme nous apprend beaucoup sur la capacité de haine dont l'être humain peut faire preuve, elle ne donne qu'une connaissance en creux de l'histoire du judaïsme. Ce livre montre admirablement, en effet, que, malgré hostilités et persécutions, les communautés juives ont su garder dynamisme et créativité. Elles se sont affrontées aux grandes questions qui taraudaient les contemporains et ont apporté des réponses originales.

E. Benbassa et J.-C. Attias sont deux grands spécialistes de l'histoire du judaïsme. Ils l'enseignent, en Sorbonne, de façon érudite et analytique à des étudiants et des chercheurs. Mais ils savent aussi s'adresser à un tout autre public. Ils le montrent assurément par cette belle synthèse où près de trente siècles d'une riche histoire sont rendus accessibles et très vivants.

Jean BAUBÉROT
Président d'honneur de
l'École pratique des hautes études

Introduction

À la mémoire de Sultana Benbassa,
simplement juive, comme on l'était
autrefois en Orient.

Le judaïsme a une histoire, longue et riche, qui ne se limite pas à ses racines bibliques et antiques. L'apparition du christianisme, au Ier et au IIe siècles, qui a été elle-même un moment de cette histoire, n'y a pas mis un terme. Si minoritaire et fragile qu'il ait été au fil des siècles, en dépit des épreuves qu'il a dû traverser, le judaïsme n'a jamais cessé de vivre de sa propre vie, se renouvelant inlassablement, au gré de ses contacts avec les civilisations dont il a été partie prenante, auxquelles il s'est confronté et dont il s'est inspiré, en Orient comme en Occident.

Mais qu'est-ce donc que le « judaïsme » ? Le mot apparaît pour la première fois, sous sa forme grecque, dans les milieux juifs hellénophones du Ier siècle. Désignation commode, et apparemment transparente, il semble faire pendant à celles de christianisme, de catholicisme ou de protestantisme. Et pourtant, la réalité culturelle à laquelle il renvoie est à la fois plus dense et plus imbriquée qu'une « religion » au sens strict. L'équivalent hébraïque de « judaïsme », *yahadout*, n'est d'ailleurs devenu d'usage courant qu'à l'époque moderne et la littérature biblique aussi bien que rabbinique ne connaît pas ce concept. De fait, jusqu'à leur accès à la citoyenneté, qui date en France de 1790-1791, les juifs eux-mêmes se sont perçus au moins autant comme un peuple descendant des Judéens antiques que comme les fidèles d'une religion particulière.

Pour parler du judaïsme, il faut donc aussi parler des juifs. Et écrire une histoire du judaïsme comme religion et comme culture revient à écrire l'histoire des métamorphoses d'une identité, l'identité juive, relevant de nouveaux défis à chaque génération. Une identité éminemment plastique, au point qu'aujourd'hui certains juifs peuvent continuer de se dire tels alors même qu'ils se proclament agnostiques ou athées.

Enfin, compte tenu de la grande variété des contextes où le judaïsme a fleuri et où les juifs, peuple dispersé, ont vécu, écrire leur histoire revient un peu à écrire une histoire du monde lui-même. Certes, le judaïsme est bien la religion particulière d'un peuple particulier, qui n'a pas nourri de vocation missionnaire, encore que tout non-juif qui le désire sincèrement puisse en principe s'y agréger par une conversion. Il reste que son espace de développement a toujours été foncièrement transculturel et que son horizon n'a jamais cessé d'être l'universel.

I

Naissance du judaïsme (jusqu'à la fin du Ve siècle)

A. Une histoire ancienne mouvementée

Les origines du peuple hébreu sont entourées d'un épais brouillard et ce que la Bible en dit n'est pas toujours confirmé par la science moderne. Aboutissement d'un long processus de sédimentation, de choix et d'agrégation de traditions diverses, la Bible elle-même est le produit de l'histoire qu'elle entend raconter et qu'en fait elle reconstruit. Le judaïsme la tient néanmoins pour divinement inspirée. C'est d'elle qu'il tire la substance première de son message. C'est donc d'elle qu'il faut partir pour savoir comment le judaïsme se représente sa propre histoire.

Selon la Genèse, sur l'injonction divine, Abraham quitte sa Mésopotamie natale pour gagner Canaan. Dieu contracte avec lui une alliance dont le signe sera la circoncision et lui promet une descendance nombreuse, née de son fils Isaac, qui héritera la terre vers laquelle il a migré. Du fils d'Isaac, Jacob, qui prend le nom d'Israël après sa lutte avec l'Ange, sont nées douze tribus. Celles-ci, après un exil et une période d'esclavage en Égypte, quittent finalement ce pays sous la conduite de Moïse, reçoivent sur le mont Sinaï la « Loi » ou l'« Enseignement », ce qu'en hébreu on appelle la Torah, errent quarante ans dans le désert et se lancent à la conquête de Canaan. D'abord gouvernées par des juges, tantôt indépendantes, tantôt fédérées, les tribus se donnent finalement un roi, Saül. Mais c'est David, son successeur, de la tribu de Juda, qui fonde la première dynastie légitime.

L'histoire de cet État unifié est brève. À la mort de Salomon, fils de David, un schisme intervient. Le royaume d'Israël regroupe les tribus du Nord et se donne pour capitale Sichem, puis Samarie. Le royaume de Juda, lui, réunit les tribus de Juda et Benjamin, au Sud, et a un descendant de David pour souverain. Jérusalem, où Salomon a fait construire un Temple, est sa capitale politique et religieuse. Les deux royaumes se livrent une guerre sans merci. En – 722, le royaume d'Israël est assiégé par les Assyriens. Une partie de sa population est déportée en Assyrie, où l'on perd sa trace – c'est cette disparition qui donnera naissance, dans le judaïsme, à la nostalgie des « dix tribus perdues ». Une autre, restée sur place, se fond dans les populations amenées par le vainqueur et donne naissance à une nouvelle entité ethnique, les Samaritains. Le royaume de Juda accueille aussi sa part de fugitifs, qui s'installent à Jérusalem. Mais il succombe bientôt à son tour devant les Babyloniens en – 586. Nabuchodonosor le raye de la carte du Proche-Orient et détruit le Sanctuaire de Jérusalem.

L'aristocratie judéenne est déportée à Babylone. Des colonies se forment en exil et conservent, au milieu des populations autochtones, une forte identité culturelle et nationale, leur foi en leur Dieu et en une restauration prochaine. En – 539, le Perse Cyrus conquiert Babylone. Il autorise le retour des exilés en Judée, leur octroie une relative autonomie et les encourage à reconstruire leur Temple, inauguré en – 516. Le nouveau régime judéen s'attache à instaurer une application rigoureuse de la Loi de Moïse, la Torah, et Esdras le Scribe la place définitivement au cœur de la vie de la nation.

Alexandre le Grand conquiert le Proche-Orient en – 332. Pendant deux siècles, les juifs vivent sous la tutelle des souverains hellénistiques. La langue et les mœurs grecques séduisent les couches aisées. Mais les mesures autoritaires du monarque séleucide Antiochus IV Épiphane, qui visent à assurer l'unité religieuse de son Empire et s'attaquent aux fondements mêmes du judaïsme, suscitent une révolte en – 167. Judas Maccabée s'assure bientôt le contrôle des régions à peuplement juif de Palestine. Ses troupes circoncisent les enfants de force, démolissent les autels païens, mettent le feu aux villages passés à l'hellénisme. Le Temple est purifié et inauguré en – 164. À la mort de Judas Maccabée, ses frères prennent la relève. Simon cumule en – 140 les charges héréditaires de prince, de grand prêtre et de général en chef ; il renouvelle ses rapports avec Sparte et avec Rome. Une nouvelle dynastie, la dynastie asmonéenne, nationaliste et expansionniste, se met en place. Des conflits ne manquent pourtant pas d'éclater entre elle et le parti montant des Pharisiens qui lui reproche d'avoir trahi les idéaux de la révolte.

En – 63, tirant parti d'une querelle de succession, Pompée fait passer la Judée sous l'influence directe de Rome, une situation qui va durer pendant presque quatre siècles. Les relations entre juifs et Romains sont tendues dès le début. Les révoltes se font fréquentes. En 66, les zélotes, parti rebelle radical, s'emparent de Jérusalem, chassent le roi proromain Agrippa, tuent le grand prêtre qui collaborait avec le pouvoir en place et boutent les troupes romaines hors de Judée. Mais en 70 Titus anéantit l'insurrection, Jérusalem tombe après quatre mois de siège, le Temple est incendié, la population décimée. La dernière tentative de soulèvement armé contre l'occupant romain, en 132, est conduite par Siméon Bar-Kokhba. Elle est écrasée dans le sang en 135. Jérusalem, rebaptisée *Aelia capitolina*, abrite désormais un sanctuaire païen et son entrée est interdite aux juifs.

B. Les grands courants du judaïsme antique

Les traditions biblique puis juive ont interprété l'histoire mouvementée de l'Israël antique comme une succession de trahisons, de châtiments, de repentirs et de restaurations. Pour elles, les termes de l'alliance scellée par Dieu avec Abraham et renouvelée sur le Sinaï avec les Hébreux sont contenus dans la Torah et ses commandements. À charge pour Israël, peuple de prêtres, d'observer cette Loi, dans sa dimension cultuelle mais aussi, comme les anciens prophètes bibliques n'ont cessé de le rappeler, dans sa dimension éthique. À charge pour Dieu de récompenser cette fidélité comme il l'a promis – par la possession de la terre de Canaan, une descendance nombreuse, la prospérité et la paix. Toute transgression de la Loi induit une altération des rapports entre Dieu et son peuple, laquelle se traduit par la dépossession, l'exil, la ruine militaire et politique. Mais la promesse divine est à jamais valide et l'alliance est éternelle. La défaite elle-même est signe de l'amour particulier que Dieu porte à Israël. Entre ses mains, les nations ennemies ne sont qu'un instrument servant à l'amélioration et à la purification d'Israël. Après le désastre, viennent le repentir, les retrouvailles de Dieu et du peuple qu'il s'est choisi. Et l'espérance d'une restauration, d'un retour de la gloire passée et de la venue du sauveur attendu, le Messie issu de David, demeure ouverte.

Abraham, s'il a existé, ne fut sans doute pas le premier monothéiste de l'histoire humaine. Ce n'est que peu à peu que ses descendants putatifs, Hébreux, Judéens et juifs, ont fini par concevoir le culte d'un Dieu unique, créateur du ciel et de la terre, interdit de représentation, absolument distinct de sa créature et néanmoins en dialogue avec elle. Habités par la nostalgie d'une Terre promise, conquise, perdue et jamais vraiment retrouvée, façonnés par l'expérience fondatrice de l'exil et de la dispersion, ce n'est pas en un jour qu'ils en sont venus à dissocier radicalement puissance et vérité et à admettre qu'un peuple vaincu et infime pouvait malgré tout être le dépositaire de vérités ultimes appelées à être reconnues par tous. C'est pourtant là ce qu'ils ont fini par croire, tenant pour pur néant les cultes idolâtres de leurs maîtres babyloniens, hellénistiques ou romains.

S'il finit par se cristalliser autour de quelques thèmes, pratiques et principes communément admis, le judaïsme antique, encore à sa phase de formation, n'en demeure d'ailleurs pas moins, jusqu'aux grandes débâcles de 70 et de 135, extraordinairement divers.

Pour commencer, le judaïsme n'est pas seulement une affaire judéenne. Il y a des juifs dans tout le Proche-Orient et dans l'ensemble du monde hellénistique et romain. L'Égypte constitue ainsi longtemps un foyer important de culture juive hellénophone, comme en témoignent l'œuvre du philosophe Philon d'Alexandrie au Ier siècle ou encore la traduction grecque de la Bible dite des Septante. Au fil du temps, le poids de la diaspora ne fera que s'affirmer. Mais jusqu'au IIe siècle au moins, le centre de gravité naturel et symbolique du judaïsme demeure la Terre sainte, où des courants divers se partagent la scène religieuse.

Deux populations s'y font face : les Judéens et les Samaritains. Les seconds sont tenus en piètre estime par les premiers, pour qui ils ne sont que les descendants d'un mélange entre Israélites restés sur place et colons idolâtres importés par les Assyriens après la chute du royaume du Nord. Les Samaritains, eux, se considèrent comme bel et bien issus des tribus d'Éphraïm et de Manassé. Leur sanctuaire est situé sur le mont Garizim, au sud de Sichem. Ils reconnaissent la seule autorité des cinq premiers livres de la Bible, le Pentateuque, dont ils possèdent une version légèrement différente de celle en usage dans le judaïsme. (Ils ne sont plus aujourd'hui que quelques centaines, installés en territoire palestinien et en Israël.)

Côté judéen, trois groupes se distinguent : les Esséniens, les Sadducéens et les Pharisiens.

Les Esséniens sont présents en diverses régions de Terre sainte, avec une concentration sur la rive occidentale de la mer Morte. C'est à eux que les savants ont attribué les documents découverts entre 1947 et 1956 dans les grottes de Qumran. Organisés en communautés semi-monastiques hiérarchisées, très soucieux de pureté rituelle, ils mènent une existence austère. Jugeant corrompu le culte rendu à Jérusalem, ils y envoient des offrandes mais refusent d'y accomplir des sacrifices animaux.

Les Sadducéens, quant à eux, rassemblent les éléments les plus fortunés de la population judéenne. Liés à l'aristocratie sacerdotale, ils placent le Temple et son culte au centre de la religiosité juive. Ils ne croient semble-t-il ni à l'immortalité de l'âme ni à la résurrection des morts. Très scrupuleux quant à l'application des dispositions bibliques, ils ne reconnaissent aucune autorité à la tradition orale transmise par leurs adversaires, les Pharisiens, en hébreu *perouchim*.

Ce dernier terme peut se traduire par « séparés » et renvoie sans doute au souci des Pharisiens d'éviter tout contact susceptible d'entraîner une impureté rituelle ou à leur volonté de se tenir à l'écart des païens ou de ceux des juifs qui leur paraissent compromis avec le paganisme. En délicatesse avec le pouvoir asmonéen, leur influence politique, malgré quelques brèves embellies, décline inexorablement.

Leur contribution essentielle est en fait d'ordre religieux. Se tenant pour les héritiers d'Esdras, ils affirment le caractère autoritatif d'une tradition *orale* transmise de génération en génération depuis Moïse et sans laquelle la Bible, la tradition écrite, demeure un livre scellé. Ils élaborent une herméneutique permettant la réinterprétation constante des impératifs de la Loi. Insistant sur la notion de responsabilité, croyant en l'immortalité de l'âme, en la résurrection des morts et en la rétribution des œuvres, ils promeuvent, à côté d'une pratique exigeante des commandements, une spiritualité vivante faisant place aux espérances eschatologiques et messianiques du peuple dont ils sont proches.

La grande débâcle des années 60-70 puis 130 balaie les Sadducéens dont le statut était directement dépendant de l'existence du Temple. Et elle entraîne l'extinction du courant essénien. Seuls les Pharisiens sont en mesure de relever le défi de la défaite. Selon une ancienne tradition, un maître de ce courant, Yohanan ben Zakkaï, sentant imminente la destruction de Jérusalem assiégée, aurait quitté la ville sainte de nuit, caché dans un cercueil. Ses disciples auraient transporté le cercueil devant le général romain Vespasien, Yohanan en aurait surgi et aurait sollicité une faveur du futur empereur : « La ville de Yavné, afin que je puisse aller y enseigner à mes élèves et y fonder une maison de prière, où je pourrai accomplir tous les commandements. » L'historicité de ce récit est sans doute sujette à caution, mais sa signification est claire. Mimant la mort en quittant Jérusalem, puis la résurrection devant Vespasien, Yohanan ben Zakkaï incarne les avatars de la tradition religieuse qu'il représente. Une forme de judaïsme centrée sur le sanctuaire disparaît, cédant la place à une autre, axée sur l'étude, la prière, ce « culte du cœur », et la Loi.

C. Naissance du judaïsme rabbinique

Le Temple n'est pas oublié même si les synagogues prennent le relais. En attendant la reconstruction espérée, les prières quotidiennes, récitées tourné vers Jérusalem, se substituent aux sacrifices d'antan. Le *shabbat*, jour de repos, de prière, de réunion familiale et communautaire, ponctue chaque semaine et les solennités du calendrier juif rappellent les grands moments de la geste biblique, tout en conservant le souvenir de la dimension saisonnière et agricole qu'elles revêtaient en Terre sainte. Pâque *(Pessah)*, commémoration de la sortie de l'esclavage d'Égypte, célèbre l'arrivée du printemps. Sept semaines plus tard, la fête des Semaines *(Chavouot)*, fête des moissons, évoque le don de la Loi sur le Sinaï. À l'automne, la fête des Cabanes *(Soucot)*, fête de la récolte, rappelle les pérégrinations des Hébreux dans le désert. *Hanoukka*, au début de l'hiver, magnifie le succès de la révolte maccabéenne, en en soulignant l'aspect miraculeux et la portée spirituelle. *Pourim* fête le sauvetage, raconté dans le livre d'Esther, de juifs persécutés en exil. Le jeûne du 9 *av*, en juillet-août, ravive le deuil de la destruction du Sanctuaire. À *Kippour*, enfin, tout le peuple, où qu'il se trouve, communie dans une longue journée de mortifications et de prière qui lui vaut l'expiation de ses fautes.

Après 70, le judaïsme pharisien devient ce qu'on appelle le judaïsme « rabbinique », soit le judaïsme des rabbins, des maîtres de la tradition orale. Neutralisant les attentes apocalyptiques et les fièvres nationales à l'origine de tant de désastres, il proclame close depuis longtemps l'ère de la prophétie, temps de la communication directe avec Dieu. Les savants sont désormais les uniques dépositaires de la vérité religieuse. L'espérance de reconstruction est vivante, mais son horizon est indéfiniment repoussé. Prêchant une forme de quiétisme, le judaïsme rabbinique s'installe dans l'attente d'un Messie toujours à venir. Il tient que chaque juif peut se réaliser et se sauver, où qu'il se trouve et dès maintenant.

Tous les jours de sa vie, de sa naissance à sa mort, le juif n'a désormais qu'une mission : assurer la séparation du sacré et du profane et étendre autant que possible le champ du sacré. Chaque commandement accompli, chaque interdit respecté est culte rendu à Dieu. Le geste le plus humble, le simple respect des règles alimentaires du judaïsme (la *cachrout*), prend une valeur religieuse. Cette primauté de l'acte prescrit par la Loi et sanctifié par l'intention du cœur inspire toute la pratique juive. L'étude de la Loi elle-même est un commandement. Mais l'étude ne vaut que si elle s'accompagne d'une pratique concrète, et si elle y conduit.

Face aux prétentions du christianisme naissant, lequel

a d'abord été une secte juive parmi d'autres mais ouvre peu à peu son giron aux nations, les rabbins réaffirment la légitimité d'une vocation juive spécifique. En devenant chrétiens, les peuples de la terre se sont approprié la Bible (en grec). Ils affirment désormais trouver en Jésus la clé et le sens de tous ses mystères et déclarent caduque la majeure partie de ses commandements. Réagissant à ce défi, et même s'il demeure culturellement marqué par son environnement hellénistique et romain, le judaïsme place désormais au centre la Bible *hébraïque*, la tradition orale et ses sources hébréo-araméennes.

D. LES GRANDS CORPUS

Dans un souci de préservation et de transmission d'un héritage que la dispersion et la fragilisation des communautés juives mettent en danger, un travail acharné de collecte, de mise en ordre, d'étude et d'élucidation est lancé. Il débouche sur la cristallisation d'immenses corpus destinés à former l'assise du judaïsme pour des siècles.

Le canon et le texte de la Bible hébraïque sont progressivement fixés, et dans cet ensemble c'est le Pentateuque, les cinq livres dits de Moïse, censés contenir les 613 commandements de la Loi, qui sont investis de la plus grande autorité, les Prophètes passant au second plan, les Hagiographes au troisième.

Parallèlement, à la fin du IIe siècle, Juda le Prince publie en Terre sainte une compilation systématique des stipulations de la Loi orale, conduite sur plusieurs générations : la *Michna*, littéralement « enseignement ». Dans un hébreu concis et précis, ses six sections ou « ordres », subdivisés en soixante-trois traités, établissent le droit, sans toujours faire état des débats ayant accompagné son histoire, et en ne signalant que rarement les textes scripturaires sur lesquels il s'appuie. La *Michna* n'est elle-même que le fruit d'un choix, et maintes traditions en ont été exclues – que l'on retrouvera ailleurs, par exemple dans la *Tosefta*, littéralement « addition ». Son autorité ne s'en imposera pas moins dans les écoles palestiniennes et babyloniennes.

C'est de la *Michna* que les Talmuds, d'un terme hébreu

signifiant « étude », vont dans un second temps proposer l'élucidation. Le Talmud dit de Jérusalem, rédigé en hébreu et en judéo-araméen palestinien, rend compte des débats des académies de Terre sainte. Il est hâtivement compilé à Tibériade, vers la fin du IVe siècle, dans un contexte d'instabilité et de persécutions. Le Talmud de Babylone, rédigé en hébreu et en judéo-araméen babylonien, est lui le fruit de l'activité des écoles babyloniennes de Soura, Nehardéa, Poumbedita et Mahoza. Plus développé que son pendant palestinien, il s'est constitué progressivement et sa mise en forme définitive est à peu près acquise à la fin du Ve siècle.

La *Michna* et le Talmud ne sont que deux des trois pans majeurs du corpus rabbinique en formation. Il faut y adjoindre un autre ensemble : le *midrach*. Ce mot, qui signifie littéralement « enquête, interprétation », désigne l'exégèse classique de l'Écriture telle qu'elle s'est développée, pour l'essentiel, en Terre sainte et telle qu'elle s'est conservée dans une littérature foisonnante, témoin d'une activité d'enseignement et de prédication d'une grande richesse. On distingue deux variétés de *midrachim* (plur. de *midrach*). Les uns, dont la rédaction remonterait à la fin du IIIe siècle, portent spécifiquement sur les sections législatives du Pentateuque. D'autres, dont la compilation s'est poursuivie du Ve au XIIe siècle en divers points de la diaspora, rassemblent des matériaux d'origines et d'époques variées mis bout à bout de sorte à former un commentaire suivi des livres de la Bible. Cela étant, le terme de *midrach* ne désigne pas seulement un corpus nettement circonscrit – les recueils de *midrachim* proprement dits. Il renvoie plus généralement à une attitude herméneutique et à un genre littéraire dont on trouve maints exemples ailleurs, notamment dans les Talmuds, ou dans les *targoumim*, ces paraphrases araméennes de l'Écriture.

En règle générale, la littérature rabbinique classique présente trois caractéristiques déterminantes pour toute l'histoire ultérieure du judaïsme.

Elle traduit d'abord un souci fondamental du droit, la *halakha* en hébreu, laquelle ne concerne pas seulement le culte et la pratique religieuse mais enveloppe tous les aspects de la vie personnelle, familiale, économique et sociale.

Elle est ensuite foncièrement exégétique dans sa forme et

dans sa méthode. Cette exégèse n'aspire pas simplement à révéler le sens du texte scripturaire, mais à manifester l'unité fondamentale de la tradition écrite, biblique, et de la tradition orale. Lorsqu'elle touche aux questions légales, elle se tient à des règles contraignantes. Elle trahit en revanche une grande liberté d'approche dans le genre dit de la *agada*, littéralement « récit ». Ce dernier vocable renvoie d'ailleurs à des réalités textuelles diverses : développements théologiques ou éthiques, commentaires bibliques s'appuyant sur des détails apparemment insignifiants du texte scripturaire, ou proposant de celui-ci une réélaboration plus ou moins compatible avec son contexte – aussi bien que des récits proprement dits. Ces derniers, qui mettent en scène des héros bibliques, des sages, des personnages historiques, juifs et non juifs, et des gens du peuple, empruntent beaucoup de leur matière aux réalités quotidiennes du public auquel ils sont destinés.

Troisième trait fondamental de la littérature rabbinique classique, sa culture du débat. Si la quête de la cohérence ultime de la Loi guide bien les savants de différentes générations dont les enseignements et les échanges sont rapportés dans le Talmud, la contradiction n'est jamais éludée, mais au contraire savamment mise en scène. Comme cristallisation de la Loi orale et comme bien propre du peuple juif, le Talmud, son contenu législatif, mais aussi sa forme littéraire et sa méthode sont devenus indissociables de toute définition de l'identité religieuse et culturelle des juifs au Moyen Âge et au-delà. On comprend dès lors qu'il ait pu devenir l'une des cibles privilégiées de la polémique chrétienne contre le judaïsme, victime de la censure ecclésiastique et de maints autodafés.

La littérature rabbinique classique puise, on l'a vu, à pleines brassées dans l'héritage, déterminant, des communautés juives de Palestine. Mais elle se cristallise finalement comme littérature de l'exil. Et c'est le Talmud de Babylone dont l'autorité va en dernier recours s'imposer à l'ensemble du monde juif, en raison notamment de l'influence considérable que les centres babyloniens, prenant le relais de la Terre sainte, ont exercée sur une notable partie des communautés juives du VIIe au XIe siècle. Ainsi sa clôture signe-t-elle en un sens le début de la grande époque des diasporas.

II

La grande époque des diasporas (VIe-XVIIe siècles)

La grande époque des diasporas est aussi celle d'un développement du christianisme, de l'apparition et de l'expansion de l'islam, ainsi que de leur affrontement récurrent sur les scènes religieuse, politique et militaire. Face à ce nouveau contexte, le judaïsme reste partagé entre deux sentiments contradictoires : celui de sa défaite et celui d'une victoire relative.

Le sentiment d'une défaite, d'abord. Peuple minuscule et dispersé, privé de territoire et d'État, les juifs ploient partout sous la férule de plus puissants et de plus nombreux qu'eux. Désormais, « la loi du royaume est la loi ». En vertu de ce principe formulé au IIIe siècle, les communautés juives se jugent tenues de respecter les lois de l'État de leur lieu de résidence, y compris lorsque ces lois entrent en conflit avec la législation rabbinique. Cette règle ne vaut certes qu'en droit civil et pénal, pas en matière de pratique religieuse, mariage et divorce compris. Et les responsables communautaires, soucieux de préserver leur pouvoir et la cohésion de leurs administrés, veillent à éviter que ceux-ci ne recourent aux tribunaux non juifs. Mais l'équilibre n'est pas facile à trouver, qui préserve au mieux l'autorité de la loi juive et l'autonomie des communautés sans compromettre les relations de celles-ci avec l'État.

Mais au-delà de cette fragilité temporelle évidente, les signes plus discrets d'une victoire en marche semblent pouvoir être discernés. Le choc des puissances chrétienne et musulmane finira, rêve-t-on, par déboucher sur l'effondrement conjoint de l'une et de l'autre et sur la restauration espérée d'Israël. Et l'existence même de ces deux religions est déjà une victoire. Le « Dieu des juifs » est devenu le Dieu de tous. Les musulmans sont de rigoureux monothéistes. Seuls les chrétiens, pour qui Dieu s'est fait homme, cèdent encore au goût impie de la représentation. Mais des juifs médiévaux comme Moïse Maïmonide ou Juda Halévi ne s'y trompent guère. Si l'on veut rencontrer de vrais païens, idolâtres et polythéistes, c'est désormais « aux extrémités de la terre » qu'il faut aller les chercher. Partout ailleurs, adorateurs du bois de la Croix ou de la pierre de la Kaaba, tous se réclament du patriarche Abraham et « ne croient qu'en Dieu ». Christianisme et islam ne sont certes encore que d'imparfaites imitations du judaïsme. Mais leur apparition, pense-t-on, est un net progrès dans la marche de la vérité. Et le peuple d'Israël doit persévérer dans sa mission de témoin et de pédagogue obstiné de cette vérité, appelée à triompher dans sa pureté à la fin des temps.

Ainsi, partout où il se trouve, le judaïsme organise la résistance, une résistance spirituelle et religieuse, et plus largement culturelle, sans pourtant se couper du monde qui l'entoure, qu'il redoute, qu'il admire et qu'il imite.

A. En terre d'islam

1) *La condition de* dhimmi

L'islam se confronte dès sa naissance à la présence de communautés juives solidement implantées. Il y a des juifs dans la péninsule arabique où Mahomet commence sa carrière vers 610. Maître de Médine, il entre en conflit avec les trois tribus juives de la ville. Les répercussions de ces tensions sont sensibles dans certains passages du Coran dont se dégage une image négative des juifs. La situation change en 629 avec la prise de l'oasis de Khaybar. Il s'agit là du premier territoire conquis par les musulmans et soumis à leur autorité. Le Prophète concède aux juifs du lieu le droit d'y demeurer et d'y cultiver la terre, à condition de remettre aux musulmans plus de la moitié de leur production. Cet accord semble avoir servi par la suite de modèle pour gérer le statut, en terre d'islam, des sujets non musulmans se réclamant d'un Livre saint.

Après la mort de Mahomet, en 632, l'Empire musulman s'étend en effet bientôt sur un vaste territoire allant de l'Atlantique aux confins de l'Inde et de la Chine. Ces régions abritent des chrétiens, des juifs et des zoroastriens, qui bénéficient de la tolérance concédée aux « peuples du Livre ». Le Coran et la tradition, qui interdisent en principe de les convertir par la contrainte, règlent désormais en détail leur statut dans le cadre de ce qu'on appelle la *dhimma*, un terme qui signifie à la fois garantie, foi, protection, contrat ou pacte. Ses bénéficiaires portent le nom de *dhimmi*. Ils reçoivent la *dhimma* de Dieu et de son envoyé Mahomet. Leur soumission est réglementée par une sorte de convention en vertu de laquelle ils obtiennent de leurs maîtres musulmans la garantie de leurs droits publics et privés.

L'histoire des relations entre musulmans et non-musulmans en terre d'islam est tissée d'une série d'accommodements conjoncturels, variables selon les époques et les lieux. Les restrictions que la *dhimma* impose aux non-musulmans ont une portée autant symbolique que pratique. Elles manifestent l'autorité de l'islam et la supériorité des musulmans, l'un des principes de base de ce contrat étant le respect dû à la religion du vainqueur et à son Prophète. L'infériorité du « protégé » se définit ainsi en termes à la fois religieux et sociaux. Les religions non islamiques ne sont considérées que comme des formes inachevées de l'islam. On tolère les non-musulmans car on garde l'espoir de les convertir et parce que, dans la cité musulmane des premiers temps, ils assument une partie non négligeable des charges fiscales.

Leur infériorité est rendue visible dans la vie quotidienne. Ils sont obligés de se distinguer des musulmans par leur costume, leurs coiffures, leurs montures, ou le choix de leurs noms. Le turban et l'habit militaire leur sont interdits. Ils doivent tantôt se vêtir d'un manteau jaune, tantôt porter des ceintures ou des emblèmes spécifiques. Mais la véritable pénalité qui touche les « protégés » est l'acquittement d'un impôt de capitation, discrimination héritée des Empires iranien et byzantin. Ce n'est qu'en échange de ce paiement qu'ils obtiennent la garantie de leur vie et de leurs biens. En principe, le sol conquis appartient à la communauté musulmane. Les « protégés » ont néanmoins le droit d'exploiter leurs terres à condition de payer un impôt foncier dont les musulmans sont exemptés. Et en contrepartie des restrictions, il y a des privilèges. Les communautés « protégées » jouissent d'une grande autonomie de gestion de leurs affaires intérieures, de la liberté de commerce et d'industrie. Elles pratiquent notamment les métiers interdits aux musulmans ou délaissés par eux, et souvent y excellent : métiers de l'argent, banque, finance, commerce des métaux précieux.

Dans les premiers siècles de l'islam, les non-musulmans bénéficient ainsi globalement d'une réelle tolérance. Le profil économique des populations juives change, aussi bien en Palestine qu'en Orient. Incapables de s'acquitter de taxes foncières prohibitives, attirés par les nouvelles opportunités offertes par les villes, tels l'artisanat et le commerce, beaucoup abandonnent le travail de la terre. Les sociétés juives finissent par se transformer en groupes urbains. Malgré la persistance d'une importante couche de pauvres, la classe moyenne prend une ampleur considérable. Les juifs abandonnent l'araméen et le grec au profit de l'arabe et entrent en contact direct avec la culture arabo-islamique. Les conquêtes musulmanes contribuent enfin à l'unification d'une partie de la diaspora juive. Dès lors, l'Irak, la Perse et les provinces méditerranéennes font partie du même empire.

2) Bagdad et la Babylonie

À l'époque de la conquête arabe, la colonie juive de Babylonie forme une communauté séparée, bien organisée et de haute culture. Elle s'est développée sous le régime des Perses achéménides, puis des Grecs séleucides. Les désastres de 70 et de 135 y ont amené leurs lots de réfugiés de Judée. Et c'est surtout après l'avènement des Sassanides, en 226, que son histoire est le mieux connue. Elle développe une vie intellectuelle intense dont la rédaction du Talmud de Babylone est l'expression monumentale. L'Exilarque, descendant putatif du dernier roi de Judée, issu de la lignée de David, est le chef politique de la communauté.

Les conquérants arabes confirment cette organisation à leur arrivée. Mais elle n'est pas sans faille, ainsi qu'en témoigne le conflit qui, selon certains récits, favorise la cristallisation du karaïsme autour de la personnalité de Anan ben David, candidat malheureux à la charge d'Exilarque. Ce courant du judaïsme, apparu au VIIIe siècle, est caractérisé par son rejet de la tradition orale et par son attachement à la lettre de la Bible. Et certains de ses principes fondateurs ne sont pas sans rappeler quelques attitudes clés de l'islam auquel les auteurs karaïtes écrivant en arabe empruntent une part de leur terminologie. L'autorité des exilarques est par ailleurs peu à peu rognée par les familles de banquiers juifs, indispensables au pouvoir musulman, et véritables détentrices de la puissance économique et politique. Ils doivent en outre partager leur suprématie avec les chefs (*gueonim*) des académies qui font la gloire de la Babylonie juive.

À cette époque, ses dissensions internes, sa confrontation au judaïsme et au christianisme comme au dualisme manichéen amènent l'islam à se doter d'une théologie rationnelle, qui est aussi une apologie défensive, le *Kalam*, par ailleurs vivement critiqué par l'orthodoxie musulmane traditionaliste. Or le *Kalam* s'affirme très vite comme une réalité transconfessionnelle et un *Kalam* juif apparaît. Les intellectuels juifs, désormais arabophones, ont accès aux travaux des théologiens musulmans, et le judaïsme doit lui aussi faire face à des problèmes internes et aux défis que lui lancent les grands systèmes religieux concurrents. C'est Saadia Gaon, au Xe siècle, qui donne ses lettres de noblesse au *Kalam* juif avec son *Livre des croyances et des opinions*, l'une des premières présentations et justifications rationnelles des principes du judaïsme.

Le *Kalam* n'est pas encore complètement assimilable à une pratique philosophique. Mais lorsqu'il s'implante en Orient, l'islam entre en contact avec la philosophie grecque cultivée dans les milieux païens de Harran et parmi les chrétiens de Syrie et de Perse. Entre le VIIIe et le Xe siècle, sous l'impulsion du califat abbasside de Bagdad, une formidable entreprise de traduction met à la disposition des intellectuels de toutes confessions un corpus considérable de classiques grecs antiques. Prenant appui sur ce corpus, une philosophie arabo-musulmane se développe en Orient, puis, à partir du XIe siècle, en Espagne. C'est dans cet essor de la pensée musulmane que la philosophie juive puise l'essentiel de ses forces et trouve les plus vénérés de ses modèles. L'héritage gréco-arabe est repensé, assimilé, mais cette fois c'est à la vérité du judaïsme qu'est confrontée la vérité des philosophes. Cet héritage est d'autant mieux accepté que se développe un véritable mythe de la science perdue. Aristote aurait en fait été l'élève de Moïse, et les juifs médiévaux, se mettant à l'école des Arabes, eux-mêmes disciples des Grecs, ne feraient que recouvrer un bien égaré, d'origine et de nature indiscutablement juives...

3) En Espagne musulmane

La désintégration de l'Empire abbasside à la fin du Xe siècle et le développement d'un nouveau pôle musulman en terre ibérique ne vont pas rester sans effet sur la destinée de la minorité juive. Un siècle et demi plus tôt, Abd al-Rahman Ier, seul survivant de la famille royale omeyyade, évincée par un coup d'État, s'est en effet enfui en Espagne. Il a rétabli le règne de sa dynastie à Cordoue en 756. Lui et ses successeurs renforcent l'armée et la bureaucratie pour endiguer les tensions dans un pays largement divisé, et souhaitent recréer sur place les splendeurs de Bagdad, son art de vivre, sa culture et son artisanat. C'est alors que commence la prospérité juive en Espagne – *Sefarad* en hébreu. Très vite, le centre culturel de la diaspora juive se déplace de Babylonie en Espagne avec l'arrivée de talmudistes de renom qui perpétuent la tradition des académies orientales. Le nouveau régime favorise également le commerce méditerranéen désormais contrôlé par l'islam et au développement duquel participent les marchands des trois religions du Livre. Polyglottes, les juifs se taillent une place de choix dans ce commerce international.

L'avènement d'Abd al-Rahman III, premier calife de Cordoue au Xe siècle, coïncide ainsi avec le début d'un second

« âge d'or » juif en terre d'islam. Les juifs de cour de ce temps partagent les orientations culturelles et les options politiques des dirigeants musulmans. Hasdaï ibn Shaprout et Samuel ibn Nagrela (appelé aussi Samuel ha-Naguid, « le Chef »), à la fois politiciens et diplomates, poètes et médecins, ouverts au monde et pieux, illustrent à merveille cette évolution, qui couvre un siècle, de 950 à 1050. À la suite de l'invasion berbère du début du XIe siècle et de l'éviction de la dynastie omeyyade, Cordoue – qui reste cependant un centre juif important jusqu'au XIVe siècle – commence à décliner au profit d'une mosaïque de royaumes arabes et berbères qui se substituent à l'Andalousie unifiée. Des juifs de cour confiants en eux-mêmes, se distinguant dans la finance, l'administration et l'appareil d'État, y connaissent une ascension sans pareille. Les juifs sont alors actifs dans tous les domaines, y compris dans le travail de la terre. Mais ce qui frappe surtout, c'est la maturité culturelle atteinte dans certaines communautés juives ibériques, à Grenade, mais aussi Séville, Malaga, Lucène, Saragosse ou Tolède. Des auteurs nombreux et prolifiques s'illustrent dans des domaines variés : sciences et médecine, grammaire, philologie et exégèse biblique, poésie, philosophie...

C'est en Espagne que l'exégèse philologique et philosophique de l'Écriture acquiert ses lettres de noblesse. Les Arabes ont cultivé une langue, l'arabe, ayant permis une floraison littéraire exceptionnelle ; ils ont développé une grammaire et une lexicographie exemplaires et entrepris une exégèse méthodique du Coran. Suivant cet exemple, des grammairiens et des lexicographes juifs, tels Juda ben David Hayyuj ou Yona Ibn Janah, renouvellent la connaissance et l'approche de la langue et de la littérature bibliques et fraient la voie à une exégèse philologique capable de grandes audaces. Un nouveau genre de commentateurs apparaît, soucieux de déterminer le sens obvie du texte biblique. Ne se distinguant pas par sa science talmudique et ne puisant qu'avec réticence au vieux fonds du *midrach*, elle est sûre de pouvoir résoudre philologiquement les contradictions apparentes entre la lettre de l'Écriture et les dispositions légales transmises par la tradition orale. Elle est notamment représentée par Moïse Ibn Gikatilia au milieu du XIe siècle ou par Abraham Ibn Ezra au XIIe. Ce dernier, formé sur le sol ibérique mais écrivant en exil, en hébreu, et à destination d'un public non arabophone, à savoir les lettrés juifs de France, d'Angleterre ou d'Italie, a joué un rôle essentiel dans la diffusion hors d'Espagne des concepts, des méthodes et des acquis de ses prédécesseurs ibériques.

Un renouvellement comparable touche la poésie hébraïque. L'exemple de la poésie arabe, l'émergence d'un mécénat juif et l'apparition d'une figure nouvelle, celle du poète de cour, entraînent un bouleversement des formes et des contenus. La langue utilisée est désormais exclusivement biblique et les principes de la prosodie arabe sont adoptés. À côté d'une riche poésie liturgique se développe une abondante poésie profane : chants en l'honneur du vin, poèmes d'amour et poèmes de sagesse, chants funèbres et panégyriques, etc. L'originalité n'est pas *a priori* valorisée et ce n'est qu'à travers le respect de canons fort stricts que la personnalité du poète peut parfois se faire jour. Une foule d'auteurs de première grandeur apparaît, tels Salomon Ibn Gabirol, ou Moïse Ibn Ezra, auteur, en arabe, d'un important traité de poétique hébraïque, et Juda Halévi. Né à Tudèle vers 1075, ce dernier, tout en excellant dans la poésie courtoise, a conquis une place de choix dans la mémoire juive par ses poèmes religieux intégrés à la liturgie synagogale ainsi que par ses « Chants de Sion », où s'exprime une profonde nostalgie pour la Terre sainte.

Du IXe au XIIe siècle, le système de référence de la philosophie juive est le néoplatonisme médiéval. Cette école fleurit d'abord à Kairouan, en Afrique du Nord, mais elle connaît son heure de gloire en Espagne aux XIe-XIIe siècles avec des penseurs comme les déjà cités Salomon Ibn Gabirol, auteur d'un traité totalement dépourvu de caractère confessionnel qui sera traduit en latin, le *Fons vitae* (La Source de vie) – ou Abraham Ibn Ezra. Certaines productions majeures du judaïsme ibérique de cette époque n'entrent cependant pas dans ce cadre. Ainsi Bahya Ibn Pakouda, dans la seconde moitié du XIe siècle, signe-t-il une *Introduction aux devoirs des cœurs* qui doit autant au néoplatonisme et au *Kalam* qu'aux mystiques arabes et à leur théologie ascétique. Ou encore Juda Halévi – toujours –

auteur d'un *Livre de la réplique et de la preuve en faveur de la religion méprisée*, plus connu sous le titre de *Kouzari*. Construit sous la forme d'un dialogue, l'ouvrage raconte comment le roi des Khazars, inquiet de connaître la nature des œuvres agréées par Dieu, consulte successivement un philosophe, un chrétien, un musulman et un rabbin. C'est finalement ce dernier qui emporte sa conviction et le conduit à adhérer au message du judaïsme. Critique de la philosophie, Halévi place au centre de sa réflexion l'unicité de la vocation d'Israël, le peuple par lequel Dieu a fait irruption dans l'histoire et auquel il s'est révélé, et l'unicité du lien de ce peuple et de ce Dieu avec la Terre sainte.

Suivant une évolution amorcée en monde musulman, les penseurs juifs se rapprochent bientôt d'un aristotélisme de plus en plus net et dépendant de l'interprétation qu'en ont donnée les grands commentateurs arabes. Dans le même temps, la tension se fait plus forte entre foi positive et philosophie, entre traditionalistes fidéistes et penseurs rationalistes. L'œuvre d'un Moïse Maïmonide, né à Cordoue en 1138, signe l'apogée de cette évolution. Auteur de traités médicaux, Maïmonide a commenté la *Michna* en arabe, signé un *Livre des Commandements* et produit en hébreu un code systématique de la Loi juive en quatorze volumes. Mais il est également le plus éminent représentant de l'aristotélisme juif médiéval avec le *Guide des égarés*, écrit en arabe et rapidement traduit en hébreu.

Cet ouvrage s'adresse à ceux que les contradictions apparentes de la philosophie et de la religion ont conduits à douter de la vérité de l'une ou de l'autre. Très commenté, par les philosophes comme par les mystiques, il a exercé une influence dominante sur tout le développement ultérieur de la pensée juive. Mais volontairement ambigu, ne dévoilant qu'à demi un message qui ne doit atteindre que ceux à qui il est destiné, il a suscité maints débats. En démontrant l'existence, l'unité et l'incorporalité de Dieu sur la base de l'éternité du monde (alors que selon le credo juif le monde a été créé du néant), en développant une exégèse allégorisante des passages de l'Écriture dont une lecture littérale contredit les enseignements de la raison, en identifiant le prophète à un philosophe accompli, en faisant de la connaissance la condition de l'accès à l'immortalité, et en donnant au philosophe la préséance sur le talmudiste, Maïmonide soulève en fait autant de problèmes qu'il n'en résout. Et les résistances croissantes que son enseignement suscite vont signer les débuts du lent reflux, en monde juif, d'un universel et d'une rationalité philosophique et scientifique appris chez les Grecs et enseignés par les Arabes.

4) La fin de la coexistence

Né à Cordoue, Maïmonide est mort à Fostat, l'ancien Caire, en 1204. Très jeune, il a fui avec sa famille une Espagne musulmane de plus en plus hostile aux juifs. Et c'est en Égypte qu'il a passé l'essentiel de son existence. D'autres, à la même époque, se voient contraints, à regret, de gagner au nord l'Espagne chrétienne, voire des terres plus septentrionales encore – Abraham Ibn Ezra alla jusqu'en Angleterre.

Cette instabilité nouvelle a des racines profondes. Les victoires de la *Reconquista*, la « reconquête » chrétienne de l'Espagne, ont débuté avec la prise de Tolède en 1085. Elles ont poussé les dirigeants musulmans de Séville à recourir à l'aide des Almoravides d'Afrique du Nord, lesquels, en raison de leur zèle religieux, ont mené la vie dure aux juifs. Ceux-ci se sont certes remis de cette nouvelle situation et dans le premier quart du XIIe siècle leur vie culturelle est restée florissante. Mais la *Reconquista* se poursuit, de nombreuses villes musulmanes tombent sous la coupe des chrétiens, tandis que les Almohades du Maroc, fanatiques et intolérants, assoient leur domination sur l'Andalousie.

De manière générale, à partir des XIIe-XIIIe siècles, tant en Occident musulman qu'en Orient, le durcissement est considérable. Un nouveau rapport de force s'est peu à peu instauré. Les « protégés », de majoritaires qu'ils étaient dans les contrées sous domination musulmane, sont devenus minoritaires. Après les Croisades, le monde islamique accuse un affaiblissement aussi bien économique que politique par rapport à la Chrétienté et le statut des non-musulmans s'y détériore. Mesures restrictives et ségrégation sociale sont alors renforcées.

En 1492, le royaume de Grenade tombe entre les mains de ceux qu'on appela bientôt les Rois catholiques. C'est la fin de toute présence non chrétienne indépendante sur le sol ibérique. La tradition de pensée et de spiritualité juive orientale et sépharade, née à Bagdad, grandie en Afrique du Nord puis en Espagne musulmane n'est pas morte pour autant. Des continuateurs, qui écrivent en hébreu, lui assurent déjà une seconde vie en Espagne chrétienne et dans le sud-est de la France. Elle se déploie dorénavant à l'ombre de la Chrétienté, où fleurit aussi, depuis quelques siècles, une autre branche du judaïsme, celle de France et d'Allemagne – en hébreu *Tsarfat* et *Achkenaz*.

B. En terre chrétienne

1) Une minorité protégée mais fragile

En Occident latin, la présence juive a rayonné à partir de Rome, où s'étaient réfugiés les exilés de la Palestine occupée puis écrasée. L'installation de l'Église née de la prédication de Jésus et de Paul dans la capitale impériale porte de fait les juifs à chercher refuge dans des contrées éloignées du centre.

Leur condition est très tôt placée sous le signe d'une relative ambiguïté. En effet, conformément aux enseignements d'Augustin, Père de l'Église mort en 430, le christianisme tient les juifs pour les porteurs d'un livre, l'Ancien Testament, qui atteste la vérité chrétienne, mais dont la signification leur demeure cachée. N'ayant reconnu ni la messianité ni la divinité de Jésus, ils sont condamnés à la condition humiliée qui est la leur jusqu'à leur ultime conversion. Leur châtiment doit être visible, mais leur existence est indispensable. Aussi, si l'Église rogne peu à peu leurs privilèges et les écarte progressivement de la vie sociale, elle ne vise pas à leur annihilation. Leur qualité de peuple témoin les protège.

Au-delà de ces motifs religieux, leur utilité économique plaide également en leur faveur, nonobstant les incapacités qui les touchent. Et malgré les épreuves qui les frappent de manière récurrente au long du Moyen Âge, leur condition reste longtemps plus enviable que celle, par exemple, des serfs, ne serait-ce que par la relative mobilité dont ils jouissent et qui les autorise à se déplacer d'une seigneurie à l'autre. Ils ne sont pas non plus la seule minorité présente en terre chrétienne. Leur persécution sous sa forme la plus aiguë n'a jamais été systématique. De même, lorsqu'on parle de « ghettos » à cette époque, il s'agit d'abord de quartiers où les juifs se regroupent de leur propre gré, et où vivent également quelques chrétiens. Ce n'est que tardivement qu'une législation restrictive en fera un lieu de résidence séparé, voire fermé, et obligatoire. L'autonomie interne dont bénéficient les communautés juives permet leur préservation en tant que « nationalité distincte ». Elles n'en ont pas moins d'importants contacts économiques et culturels avec l'extérieur.

Il n'y a donc pas lieu de s'imaginer les juifs médiévaux vivant dans l'isolement et la misère, continuellement poursuivis. Durant les longs siècles qui ont précédé leur accession à la citoyenneté, les populations juives croissent démographiquement plus vite que les populations chrétiennes. Exemptés de service militaire, sauf quelques exceptions, et en raison de leur neutralité, ils ne sont pas décimés comme l'ont été les chrétiens pendant les guerres de religion qui ont déchiré l'Europe. De même, grâce aux structures d'entraide qu'ils développent, ils sont moins touchés par la pauvreté que d'autres couches de la population, comme les paysans. Au début du Moyen Âge, ils exercent d'ailleurs des métiers semblables à ceux de leurs voisins chrétiens. Ce n'est que plus tard que des réglementations resserrent fortement l'éventail d'activités qui leur restent ouvertes, en tête desquelles vient le prêt à intérêt, ce qui les désigne à la vindicte populaire en temps de crise économique.

La formation du futur judaïsme achkénaze s'amorce à l'époque carolingienne, à partir du partage de l'Empire en 843. Cet ensemble ethnico-culturel et liturgique s'étend du nord de la France jusqu'à la Slavonie. Évalué à 4 000 âmes en l'an mil, il en compte 20 000 en pays germanique en 1096, à la veille de la première croisade, laquelle s'accompagne, notamment dans la vallée du Rhin, de violentes persécutions, donnant lieu à des phénomènes de suicide collectif. Cette tribulation marque profondément les mentalités et la spiritualité du judaïsme achkénaze. Dans l'Empire germanique, l'autorité centrale avait considéré les juifs comme rattachés à elle, ce qui les soustrayait en général au pouvoir des seigneurs ou des princes. Le cloisonnement consécutif à l'émiettement de cet Empire, entre Rhin et Loire, en domaines dotés chacun de sa propre organisation, transforme les juifs en sujets de leurs seigneurs, sans toutefois que cela implique le servage. Désormais, leur statut varie d'une seigneurie à l'autre.

Au XIIe et au XIIIe siècle, toutefois, un peu partout en Occident chrétien, apparaissent les symptômes d'une dégradation de la condition juive. L'antijudaïsme de nature théologique cultivé par l'Église finit par contaminer l'ensemble de la société. Cette forme ancienne d'hostilité à la religion juive et à ses fidèles, liée à l'ambiguïté des rapports du christianisme avec le judaïsme, tend à gagner en radicalité. L'Église, « vrai Israël » spirituel, durcit peu à peu son attitude à l'égard de l'Israël charnel « déchu », peuple « déicide » tenu pour responsable de la mort de Jésus. Campagnes de conversion par la persuasion, persécutions violentes, conversions forcées, diabolisation et ségrégation systématique gagnent du terrain.

Désormais, les accusations de profanations d'hosties se multiplient, ainsi que les calomnies de meurtre rituel, des juifs étant périodiquement accusés d'avoir assassiné un enfant chrétien, à la période de la Pâque juive, pour utiliser son sang dans la préparation de leur pain azyme. Le règne de Saint Louis se signale par le brûlement du Talmud et par une série de mesures dirigées contre les juifs, dont l'interdiction en 1254 du prêt à intérêt, devenu alors l'un des rares métiers leur demeurant accessibles. En 1269, obligation leur est faite de porter un signe distinctif. Les expulsions de juifs se succèdent en Europe. En 1290, ce sont celles d'Angleterre et de Gascogne. Des expulsions locales sont décidées en Allemagne et en Italie. Philippe le Bel chasse les juifs de France en 1306, Charles VI à nouveau en 1394.

De fait, le Moyen Âge finissant est une période de profonds malaises pour un Occident chrétien secoué par des crises sociales, économiques, politiques et religieuses. Une culture et une spiritualité juives florissantes ne s'y en sont pas moins développées au fil des siècles.

2) Cultures juives du Nord

Certes, en France du Nord et en Allemagne du Sud, on n'observe rien d'équivalent aux bouleversements connus par les communautés juives orientales et ibériques. Point de menace karaïte, ici, ni de défi philosophique. Les rapports avec la culture environnante ne semblent pas de même nature ni de même intensité, encore que les points de contact entre l'exégèse juive de ces régions avec l'exégèse chrétienne soient réels. Enfin, à la différence de leurs homologues espagnols, les exégètes, qui ne sont pas seulement des biblistes, commentent aussi abondamment le Talmud et la littérature liturgique.

Dès la deuxième moitié du Xe siècle, une importante école talmudique est ainsi fondée à Mayence. Son élève le plus illustre est Guerchom ben Juda, appelé « Lumière de l'Exil ». Natif de Metz, maître du Talmud, introduit depuis peu sur le continent, il forme nombre de disciples en France, en Italie et en Allemagne. Les ordonnances dont on lui a attribué la paternité vont marquer durablement la vie des communautés et contribuer entre autres à une amélioration du statut de la femme juive (interdiction de la polygamie notamment).

Autre figure majeure, Rachi, acronyme de Rabi Chelomo Itshaki (Rabi Salomon fils d'Isaac), est né en 1040 à Troyes en Champagne. Formé dans les académies de Mayence et de Worms, il regagne sa ville natale, où il fonde sa propre école. Ses commentaires, parsemés de plusieurs milliers de termes champenois appartenant à l'archéologie de la langue française, sont encore aujourd'hui au cœur de l'étude juive traditionnelle. Comme exégète de l'Écriture, Rachi ne cherche pas tant à cerner le sens purement grammatical ou littéral des textes qu'il élucide qu'à restituer pour ses lecteurs la cohérence profonde du discours biblique, et pour ce faire, il n'hésite pas à puiser, quoique de manière méthodique et sélective, dans l'antique fonds talmudique et midrachique. La tradition d'exégèse biblique qu'il a inaugurée se poursuit, diversement infléchie, chez un Joseph Karo, un Samuel ben Méir (ou Rachbam) ou un Joseph Bekhor Shor. Son travail sur le Talmud est de même prolongé par ceux qu'on appelle les « tossafistes » – auteurs de *tossafot* (suppléments).

Centralité du Talmud et subtilité de l'analyse légale ne sont pas les seuls traits saillants de ce judaïsme. Entre 1150 et 1250, en Allemagne du Sud et dans la vallée du Rhin, un courant piétiste se développe, celui des *Hassidei Achkenaz,* dont les principaux protagonistes sont les membres d'une grande famille de savants, les Kalonymides, originaires du nord de l'Italie. Il s'agit peut-être d'une réponse au traumatisme des massacres ayant accompagné la progression de la première croisade, en 1096, mais son éclosion s'inscrit surtout dans le cadre d'un épanouissement culturel général du judaïsme européen. Sa contribution est double. Théologique, avec le développement d'une doctrine de la Gloire divine, l'une des puissances divines secondaires dont la médiation, Dieu restant lui-même caché et immuable, assure la possibilité de la prophétie et l'efficacité de la prière. Contribution éthique ensuite, avec *Le Livre des Piétistes*, en grande partie rédigé par Juda le Pieux, mort en 1217.

Au XIIe siècle, Simha ben Samuel de Vitry compose le premier véritable recueil liturgique des juifs du nord de l'Europe, le *Mahzor de Vitry*. Puis ce sont Juda Sire Léon de Paris, chef d'une école qui connaît ses heures de gloire au XIIIe siècle, et ses élèves Moïse de Coucy, auteur d'un code, le *Grand livre des préceptes*, et Yéhiel ben Joseph de Paris, qui, à la mort de son maître, prend la tête du centre parisien et crée également une antenne à Acre en Terre sainte. Viticulteurs, éleveurs ou commerçants, ces maîtres tiennent école en Champagne, en Normandie, en Lorraine, en Bourgogne, en Île-de-France, en Angleterre. Leurs disciples diffusent le mouvement vers la Bohême, la Russie et l'Allemagne.

La Pologne, quant à elle, abrite une présence juive dès les débuts de l'ère chrétienne. Mais ce n'est qu'après les Croisades, qui ont déstabilisé la vie juive allemande, qu'elle devient un centre important. Les premières vagues d'immigration datent du XIIIe siècle, particulièrement en provenance de l'Empire germanique, mais aussi de Bohême, de Moravie, d'Italie, d'Espagne, de Crimée et des steppes russes. Au début du XVe siècle, il y a de 10 000 à 15 000 juifs en Pologne, 150 000 le siècle suivant. Ils y importent leur organisation communautaire, leurs normes religieuses, leur modèle d'enseignement, leur manière de prier, ainsi que le yiddish, forme de judéo-allemand, qui devient la langue commune des juifs d'Europe centrale et orientale.

3) Provence et Espagne chrétienne

Pendant ce temps, à l'autre extrémité du continent, au sud de la France, des Pyrénées aux Alpes, un nouveau centre s'est épanoui. Abritant des écoles talmudiques renommées, à Narbonne, Lunel, Montpellier et Arles, la Provence connaît au XIIe siècle l'un de ses plus célèbres juristes en Abraham ben David de Posquières, sévère critique de Maïmonide, à qui il reproche son entreprise de codification systématique du droit juif, lui préférant une approche analytique, fondée sur les textes de référence et le classement chronologique des lois. Mais la Provence ne s'illustre pas seulement sur le terrain juridique. L'arrivée aux XIIe et XIIIe siècles de juifs arabophones fuyant l'Espagne où guerroient musulmans et chrétiens induit un important apport philosophique. Dans un cadre urbain, de calme relatif et de prospérité économique, un centre florissant de traduction voit le jour. Les familles Kimhi et Ibn Tibbon traduisent de l'arabe en hébreu les classiques de la pensée judéo-arabe. Les textes scientifiques gréco-arabes, les œuvres d'auteurs musulmans, Avicenne et surtout Averroès, deviennent également accessibles en hébreu.

La traduction du *Guide des égarés* de Maïmonide et l'extrême valorisation, dans certains milieux, de la culture scientifique et philosophique suscitent toutefois d'âpres querelles. Une controverse éclate vers 1230, qui reprend vers 1303. Elle porte sur les dangers de la recherche philosophique pour la foi. Les anti-maïmonidiens cherchent à faire interdire ou à restreindre l'enseignement des sciences profanes. Cette lutte fratricide provoque l'ingérence des maîtres espagnols dans les affaires des communautés de France méridionale et suscite excommunications et contre-excommunications. En 1233, les œuvres philosophiques de Maïmonide sont brûlées publiquement par les Dominicains à la demande des anti-maïmonidiens, à Montpellier selon les uns, à Paris selon d'autres. Mais tout cela ne suffit pas à ruiner la tradition rationaliste provençale. Levi ben Gerson de Bagnols, appelé communément Gersonide, philosophe et théologien, commentateur d'Averroès et exégète biblique, talmudiste, mathématicien et logicien, produit une œuvre audacieuse, indépendante et appelée à exercer une grande influence. Et Moïse de Narbonne, au XIVe siècle, commente les Arabes Ghazali, Ibn Tofayl et Averroès ainsi que le *Guide des égarés* de Maïmonide.

Terre de philosophie, la Provence est aussi le lieu de naissance de la kabbale. Ce terme, dérivé de l'hébreu *kabala* (litt. « tradition »), désigne les enseignements mystiques et ésotériques du judaïsme. C'est en Provence, entre 1150 et 1200, qu'a été compilé le *Livre de la clarté* (*Sefer ha-Bahir*), la source la plus ancienne à présenter le système des dix forces cosmiques et premières manifestations du Divin qui, sous le nom de *sefirot,* joueront un rôle essentiel dans tous les développements ultérieurs de la kabbale. Celle-ci trouve ses premiers représentants languedociens aux XIIe-XIIIe siècles en Abraham ben Isaac de Narbonne, le déjà cité Abraham ben David de Posquières, ou encore Isaac l'Aveugle, chez qui apparaît pour la première fois le terme de *Ein-Sof,* littéralement le « Sans-fin », désignant Dieu en tant qu'il est caché et inconnaissable. Née dans le sud-est de la France, la kabbale se transplante rapidement en Catalogne, qui entretient avec cette région des liens étroits.

De l'autre côté des Pyrénées, dans un contexte sociopolitique bouleversé par la *Reconquista*, tradition rationaliste, renouveau fidéiste et pensée mystique se partagent la scène intellectuelle et religieuse, et parfois s'affrontent. Le zèle rechristianisateur qui sévit en Europe touche aussi la péninsule Ibérique où il tend à marginaliser progressivement les juifs. Il aboutit au pogrome de 1391, à Séville, qui s'étend par la suite au reste du pays. Des milliers de juifs sont tués. Un grand nombre est contraint à l'apostasie pour échapper aux persécutions. Entre 1391 et 1412, environ 100 000 juifs se seraient convertis. Une Inquisition locale commence à fonctionner dès 1481 pour extirper la prétendue hérésie de ces « nouveaux chrétiens », juifs convertis récents ou descendants de juifs convertis suspectés de continuer à pratiquer le judaïsme en secret.

Alors que ses contacts avec la pensée arabe vivante se distendent, la philosophie juive doit faire face aux défis d'une propagande chrétienne de plus en plus pressante. Accusée d'encourager un allégorisme débridé, de saper les principes de la foi et de susciter un relâchement de la pratique religieuse, elle est la cible d'attaques virulentes. Elle connaît cependant encore quelques penseurs importants. Auteur d'une réfutation des dogmes chrétiens rédigée en catalan, mais seulement conservée dans sa traduction hébraïque, Hasdaï Crescas écrit au lendemain des grandes persécutions de 1391. Sévère critique de Maïmonide et impitoyable censeur de Gersonide, il se situe dans la tradition fidéiste illustrée avant lui par un Juda Halévi. Au XVe siècle, la philosophie juive n'est plus guère représentée que par des épigones qui se préoccupent de définir les dogmes ou les principes fondamentaux du judaïsme. Isaac Abravanel, ultime représentant de l'école espagnole, meurt en Italie en 1508.

Face à ce déclin relatif de la philosophie, la kabbale ne cesse de marquer des points. Gérone en devient un centre majeur entre 1210 et 1260. Auteurs de commentaires comme d'ouvrages purement kabbalistiques, les Géronais doivent se défendre d'avoir introduit des doctrines subversives à l'intérieur du judaïsme, mais ils peuvent aussi à l'occasion se présenter, face au camp maïmonidien, comme les représentants d'une authentique orthodoxie. Ils combinent les acquis de la kabbale languedocienne à ceux de la pensée juive d'inspiration gréco-arabe, le thème de la création *ex nihilo* à l'émanatisme de la tradition néoplatonicienne, selon lequel les êtres multiples qui forment le monde procèdent de l'Un absolu en un mouvement progressif et continu. L'un des maîtres les plus éminents de cette école est Moïse Nahmanide. Poète liturgique, prédicateur, il est aussi un brillant juriste, à la croisée des traditions française et espagnole. Il est contraint, en 1263, à Barcelone, de participer à une disputation publique organisée en présence du roi Jacques Ier d'Aragon qui l'oppose au théologien d'origine juive, le dominicain Paul Chrétien, et dont il a fourni un compte rendu. Il gagne finalement la Terre sainte où il achève un commentaire du Pentateuque associant éléments philosophiques, midrachiques et mystiques. À la même époque, peut-être à Tolède, le cercle anonyme *Iyoun* (littéralement « Contemplation » en hébreu) développe une mystique du langage associée à une mystique des Lumières. Par ailleurs, chez certains auteurs, tel Isaac ben Abraham Ibn Latif, c'est l'inspiration philosophique qui l'emporte sur les spéculations d'ordre théosophique (relatives à la science des mystères divins), tandis que d'autres, tel Todros ben Joseph Ha-Levi Aboulafia, chef de la communauté juive de Castille, optent pour une kabbale purement gnostique, très préoccupée par le problème du mal radical.

La seconde moitié du XIIIe siècle est dominée par deux personnalités hors du commun : Abraham Aboulafia et Moïse de León. Le premier, développant une kabbale prophétique, est l'initiateur d'une mystique du langage débouchant sur une expérience extatique où le kabbaliste devient à lui-même comme son propre Messie. Son disciple le plus célèbre est Joseph Gikatilia, auteur d'un ouvrage sur l'alphabet, les signes vocaliques de l'hébreu et les noms divins. Les contacts qu'il noue avec Moïse de León à partir de 1280 le font cependant passer à la kabbale théosophique. Et c'est finalement dans le *Sefer ha-Zohar*, le *Livre de la splendeur*, un texte pseudépigraphique écrit en araméen et attribué à Siméon bar Yohai, un maître juif de Terre sainte du IIe siècle, que les doctrines théosophiques de Moïse de León et de son école trouvent leur expression achevée. Le *Zohar* a fini par acquérir dans le judaïsme un prestige comparable à celui de la Bible et du Talmud. Fruit de la rencontre de la kabbale de Gérone et de la kabbale de Castille, il n'offre pas un exposé de théologie systématique, mais engage une réinterprétation kabbalistique de tout l'univers du judaïsme. Traquant la signification cachée de chacun des mots et commandements de la Loi, il réagit aux progrès de l'exégèse littéraliste et du rationalisme ainsi qu'au relâchement de la pratique religieuse. Il porte une attention particulière aux mystères du monde des *sefirot* et de la vie divine et développe un symbolisme d'une grande force, appelé à marquer l'histoire postérieure de la mystique juive.

Le XIVe et le début du XVe siècle constituent une période féconde de l'histoire de la kabbale, laquelle continue de se développer dans la Péninsule, tout en se diffusant à l'extérieur. L'influence du *Zohar*, d'abord limitée à l'Espagne et à l'Italie, se déplace peu à peu vers l'est. En Italie, Menahem Rekanati rédige un commentaire ésotérique du Pentateuque, tandis que de Byzance proviennent deux œuvres majeures : le *Sefer ha-Pelia*, sur le début de la Genèse, et le *Sefer ha-Kana*, sur la signification des commandements. Le XVe siècle se distingue cependant par une détérioration de la condition juive en Espagne et aucun texte kabbalistique important n'est bientôt plus composé dans ce pays.

4) La fin du Moyen Âge juif

Les conditions sont désormais réunies pour permettre la conclusion logique des efforts de rechristianisation déployés depuis le XIIIe siècle et pour entamer la construction d'une Espagne religieusement unifiée dans le cadre d'une monarchie toujours plus centralisée. Dans ce contexte, la présence des juifs est de plus en plus perçue comme indésirable. En 1492, sitôt Grenade arrachée aux musulmans, Ferdinand d'Aragon et Isabelle de Castille promulguent un décret condamnant à l'exil les juifs qui n'accepteraient pas de se convertir. À la fin du mois de juillet de la même année, les derniers juifs restés fidèles au judaïsme quittent l'Espagne chrétienne. On estime leur nombre entre 100 000 et 150 000.

Beaucoup se dirigent vers le Portugal, la Navarre, l'Italie. Parmi ceux qui gagnent des terres musulmanes, renouant après des siècles avec le régime de la *dhimma*, certains, en nombre limité, débarquent en Afrique du Nord, entrant en contact avec des juifs autochtones enracinés là depuis des siècles. Soit ils s'agrègent à eux, soit, comme dans le nord du Maroc, ils reconstituent des communautés séparées, fidèles à leur héritage culturel et linguistique. D'autres, plus nombreux, s'installent dans l'Empire ottoman. 12 000 familles, soit 60 000 personnes, y auraient élu domicile entre 1492 et le milieu du XVIe siècle. Face aux juifs romaniotes des territoires anciennement byzantins, hellénophones et porteurs d'une antique tradition spécifique, comme face aux juifs arabisés des confins orientaux de l'Empire et notamment de Terre sainte, les expulsés, brisés par l'exil et les épreuves nombreuses qu'ils ont traversées, n'en demeurent pas moins attachés à leur langue, le judéo-espagnol, à leur histoire et à une tradition culturelle dont le rayonnement, au fil des siècles, s'est étendu à l'ensemble du monde méditerranéen, voire à l'ensemble du monde juif.

Le XVIe siècle coïncide ainsi avec le début d'un basculement vers l'Est du centre de gravité de la diaspora juive. Croisades, persécutions, expulsions ont fini par vider l'Occident de ses juifs, exception faite de rares enclaves, telles, notamment, les États pontificaux, le Comtat Venaissin, Avignon ou l'Italie. Mais bientôt un nouveau pôle apparaît au nord de l'Europe, alimenté par l'arrivée massive de marranes fuyant l'Inquisition.

C. Le tournant des XVIe et XVIIe siècles

1) L'expérience marrane

En effet, les persécutions espagnoles de 1391, l'expulsion de 1492, puis la conversion forcée des juifs portugais en 1497 ont créé dans la péninsule Ibérique un problème « marrane ». Existant en castillan et en portugais, dérivé de l'arabe où il a plus largement le sens de « ce qui est interdit », ce mot, qui en est venu à signifier « porc », viande dont la consommation est prohibée par le judaïsme et par l'islam, a été au départ employé d'une manière injurieuse en Castille pour désigner notamment les juifs convertis au christianisme. L'ascension rapide de ces « nouveaux chrétiens » et de leurs descendants suscite l'hostilité des chrétiens de souche qui les suspectent de continuer à judaïser clandestinement. Le baptême n'assure plus une immunité suffisante aux convertis et descendants de convertis, impitoyablement poursuivis ou exclus, en raison de l'« impureté » de leur sang, de charges et institutions diverses. Et la pression inquisitoriale croissante, la férocité de ses enquêtes, les procès et les exécutions favorisent paradoxalement l'apparition d'une religion spécifiquement marrane.

Les marranes (ou crypto-juifs) ont renoncé aux signes

visibles du judaïsme, ils essaient de vivre à l'extérieur comme de bons chrétiens, et la religion qu'ils pratiquent secrètement est distincte du judaïsme normatif. La circoncision est rarement observée, les pratiques funéraires partiellement sauvegardées. La liturgie est essentiellement en langue vernaculaire, connue par cœur et communiquée oralement. Le culte associe à des pratiques chrétiennes des vestiges de pratiques juives, ainsi que des pratiques nouvelles, instituées par les marranes eux-mêmes. Une subculture spécifique, transmise dans le plus grand secret, se cristallise, qui consolide l'identité du groupe. Ses meilleurs gardiens sont les femmes, que l'on voit défiler dans les procès inquisitoriaux. Ses deux fondements essentiels sont le rejet des dogmes chrétiens et la ferme conviction d'appartenir au peuple d'Israël, qui vénère un Dieu unique et attend le Messie qui accomplira sa rédemption en Terre sainte. Ce fort sentiment d'adhésion et l'espérance qui le porte s'expriment dans les fièvres messianiques agitant les groupes marranes dès le XVIe siècle. Ajoutés aux persécutions subies, ils expliquent les vagues d'émigration et de retour, hors péninsule Ibérique, au judaïsme. Entre le XVIe et le XVIIe siècle, des milliers de marranes se dispersent ainsi dans les colonies hispano-portugaises, mais surtout aux Pays-Bas, dans le sud-ouest de la France, en Allemagne, en Angleterre, en Afrique du Nord et en Orient, où ils recherchent sécurité et liberté de pensée même lorsqu'ils restent catholiques. Beaucoup s'intègrent aux communautés sépharades déjà existantes et reviennent, quoique parfois avec difficulté, au judaïsme normatif.

Le cas des Pays-Bas illustre bien l'ambiguïté, annonciatrice de modernité, de l'identité marrane ou post-marrane. Fuyant le zèle renouvelé de l'Inquisition dans les années 1590, les marranes arrivent en grand nombre sur le territoire du nouvel État calviniste. Le retour à une pratique juive ouverte est autorisé à partir de 1616. Entre 1610 et 1674, la population d'origine marrane d'Amsterdam est multipliée par douze. Ces « nouveaux juifs » jouent un rôle important dans le commerce avec les territoires espagnols et portugais du Nouveau Monde. Des personnalités comme Orobio de Castro et Menasseh ben Israël, au XVIIe siècle, s'illustrent dans la popularisation et la défense de la foi juive. Mais réticences et oppositions ne manquent pas. Certains anciens marranes ont du mal à adhérer à une orthodoxie juive très éloignée de la religion marrane qu'ils ont connue et l'expérience de double identité qu'ils ont vécue jusqu'ici les prédispose parfois au relativisme et à assumer une forte liberté critique. De ce point de vue, le cas de Spinoza est exemplaire. Celui-ci s'émancipe de toute tradition religieuse, développe une critique radicale des Écritures et contribue à l'éclosion, en Occident, d'une modernité philosophique.

2) Regain kabbalistique, nouvelles épreuves

En Orient, l'existence de fortes communautés de juifs ibériques expulsés toujours restés fidèles au judaïsme favorise la réintégration, plus harmonieuse, des vagues successives d'immigration marrane. Ce sont les Sépharades qui apportent l'imprimerie dans l'Empire ottoman. Les écoles se multiplient où l'on vient de loin pour étudier. De grands maîtres contribuent au développement d'une vie intellectuelle riche et créative. Et la Terre sainte est le théâtre d'un renouveau essentiel de la pensée kabbalistique.

C'est ce dont témoignent les productions du centre de Safed, devenue vers 1530 l'une des grandes capitales spirituelles du judaïsme méditerranéen, et particulièrement la kabbale développée par Isaac Louria Achkenazi et ses disciples, notamment Hayim Vital. La kabbale lourianique s'articule autour de trois moments cosmogoniques essentiels : 1) le *tsimtsoum,* la « contraction » ou rétractation du divin permettant de dégager un espace où les mondes puissent trouver place ; 2) le « bris des vases », quand, au cours du processus d'émanation, les réceptacles destinés à recevoir la lumière divine se brisent, les étincelles de cette lumière se mêlant aux « écorces » des forces du mal ; 3) le *tikoun,* enfin, cette « réparation » qui est aussi séparation de ce qui est mêlé, à laquelle le peuple juif collabore activement. En effet, l'exil et la dispersion d'Israël coïncident avec l'exil et la dispersion du divin et le peuple juif a pour mission de rassembler les parcelles de sainteté dispersées parmi les Gentils, en un processus de rachat que parachèvera la venue du Messie. Alors rédemption cosmique et rédemption d'Israël coïncideront exactement.

Il n'y a pas lieu de surestimer la charge messianique et potentiellement subversive de la kabbale produite après l'Expulsion. Une large part de l'activité intellectuelle des mystiques juifs ibériques dispersés se présente d'ailleurs comme résolument conservatrice, traduisant le souci de rassembler un héritage et exprimant un besoin de stabilité religieuse et sociale. Mais les effets à long terme des traumatismes de 1492 en Espagne et de 1497 au Portugal, l'épisode marrane et certains des ferments kabbalistiques qui lèvent en Galilée au XVIe siècle, et dont l'influence finit par s'étendre à tout le monde juif, y compris en terre achkénaze, n'en ont pas moins contribué à rendre possible l'explosion sabbatéenne du XVIIe siècle. À quoi s'ajoute une nouvelle épreuve, qui frappe cette fois le judaïsme polonais.

Dès le XVIe siècle, les communautés juives d'Europe orientale, en pleine croissance, se sont dotées d'une direction centralisée, le Conseil des Quatre Pays, contrôlant les activités juives de la Grande et de la Petite Pologne ainsi que des provinces de Lemberg et de Volhynie. Mais la prospérité du judaïsme polonais est brutalement mise à mal par les émeutes qui accompagnent la révolte cosaque dirigée par Bogdan Chmielnicki et qui se soldent, en 1648-1649, par des massacres de juifs. Certains ne doivent leur survie qu'à leur capture par les Tartares qui les revendent dans les marchés aux esclaves d'Istanbul où ils sont achetés par leurs coreligionnaires ottomans. Même si ces persécutions ne visaient pas seulement ni spécifiquement les juifs et n'avaient pas en vue leur conversion au christianisme, les chroniqueurs juifs, tel Nathan Hannover, vont leur donner une signification religieuse, exalter le sacrifice des martyrs et renforcer la tradition de mémoire souffrante qui s'était cristallisée en monde achkénaze dès l'époque des Croisades.

3) L'aventure sabbatéenne et ses suites

Les massacres de Chmielnicki vont aussi profondément impressionner un juif de Smyrne : Sabbataï Tsevi. Né en 1626, il avait reçu une éducation juive traditionnelle et était entré assez jeune en contact avec la kabbale. Il adopte vite un comportement excentrique, alternant de grands moments d'exaltation et de sombre désespoir. Les autorités juives de la ville le contraignent à partir. Des événements décisifs interviennent en 1656 quand Tsevi, alors au Caire, rencontre Nathan de Gaza. Celui-ci le déclare messie et répand la nouvelle de son avènement. Lors de son séjour à Smyrne, en septembre 1665, une ferveur messianique s'empare des masses, mais aussi de la plupart des autorités rabbiniques, et gagne les autres communautés de la diaspora sépharade, voire achkénaze. Tsevi institue différents rites, transgresse publiquement la loi juive, abolit les jeûnes, déclare autorisées les nourritures interdites et annonce les débuts d'un nouvel âge. Redoutant cette effervescence, les autorités ottomanes donnent à Tsevi le choix entre la conversion à l'islam ou la mort. Il choisit la première solution. Musulman extérieurement, il continue cependant d'observer nombre de pratiques judéo-messianiques avec ses sectateurs. Il est finalement exilé à Dulcino, en Albanie, où il meurt en 1676.

Cet échec patent n'annihile pourtant pas le mouvement lancé par Tsevi, messie paradoxal descendu dans les profondeurs mêmes du mal pour en extraire les potentialités cachées du salut. Déjà de son vivant, beaucoup de familles juives s'étaient converties comme lui à l'islam. D'autres le font après sa mort. Restant musulmans à l'extérieur, ces fidèles du Messie, appelés *deunmés* en turc (littéralement « ceux qui se sont tournés »), forment une communauté spécifique, avec son credo et ses rites. Par ailleurs, parmi les adeptes restés juifs de Tsevi, le sabbatéisme continue de faire des ravages longtemps après la débâcle de 1666. Il se traduit par un large spectre d'attitudes et de croyances attestées en divers points de la diaspora européenne, et renaît même au XVIIIe siècle sous la forme d'un nouveau courant initié en Podolie par Jacob Frank, lequel finit par se convertir, lui, au christianisme.

En dépit d'une reprise en main de l'orthodoxie, en Orient comme en Europe, un temps de grandes mutations venait de s'ouvrir. Certes, le poids de la Loi se fait plus que jamais sentir, une Loi désormais codifiée dans le *Choulhan Aroukh*, littéralement « la Table dressée », du Sépharade

Joseph Karo, imprimé pour la première fois à Venise en 1565, et bientôt enrichi, dans l'édition de Cracovie de 1569-1571, des gloses de l'Achkénaze Moïse Isserles. Mais si, en terre musulmane, une ère de relative régression semble commencer, en Occident, juifs et chrétiens nouent des liens d'un type nouveau, faits de curiosité réciproque. Ainsi l'oratorien Richard Simon publie-t-il à Paris, en 1674, une traduction française de l'œuvre d'un rabbin vénitien, Léon de Modène, décrivant à l'intention d'un large public les rites et coutumes des juifs de son temps. Cette modernité en germe s'épanouit au siècle suivant, avec l'apparition, entre autres, des Lumières juives.

III

Le temps des mutations (XVIIIe-XIXe siècles)

A. Les Lumières juives

Avant de se diffuser peu à peu dans d'autres secteurs de la diaspora, le mouvement des Lumières juives, en hébreu la *Haskala*, littéralement « culture, intelligence », naît en Europe de l'Ouest à la fin du XVIIIe siècle, dans un climat de relative ouverture, à un moment où hommes d'État et intellectuels non juifs s'interrogent sur la possibilité d'une amélioration de la condition des juifs. Ses promoteurs, appelés *maskilim* en hébreu, préconisent la sortie du ghetto, une réforme de l'éducation juive, l'apprentissage des langues des pays de résidence, et l'intégration progressive des juifs à la culture européenne.

Figure tutélaire de la *Haskala*, le philosophe Moïse Mendelssohn a joui de son vivant d'une renommée comparable à celle d'un Spinoza, éclipsant d'autres penseurs juifs originaux du moment, tel un Salomon Maïmon. Apprécié par Kant et les intellectuels berlinois, il est l'auteur d'un essai sur l'immortalité de l'âme qui lui a valu d'être encensé comme le « Platon allemand » et le « Socrate de Berlin ». Mais il est aussi l'initiateur d'une traduction de la Bible en allemand, imprimée en caractères hébraïques, et accompagnée d'un commentaire en hébreu visant à introduire ses lecteurs juifs à l'esprit des temps nouveaux. Et répondant au défi du théologien Johann Kaspar Lavater qui, en 1769, l'appelle à se convertir au christianisme, il en vient à présenter ses vues sur le judaïsme comme législation révélée ainsi que sur ses rapports avec la religion naturelle (*Jérusalem*, 1783).

Dans la première moitié du XIXe siècle, le centre de gravité du mouvement lancé par Mendelssohn, ses collaborateurs et successeurs, se déplace progressivement dans l'Empire des Habsbourg et en particulier en Galicie. Sa figure de proue est alors Nachman Krochmal, auteur d'un *Guide des égarés de ce temps*. Les écrivains galiciens, tels Yosef Perl, Shlomo Yehuda Rapoport, Isaak Erter et Meir Letteris excellent dans la prose, la satire narrative et la critique littéraire. En Italie aussi, le mouvement compte de prestigieux représentants comme l'érudit Samuel David Luzzatto ou la poétesse Rachel Morpurgo.

Mais c'est surtout en Russie que la *Haskala* connaît un remarquable essor, tout en se transformant en profondeur. L'un de ses pionniers y est Yitshak Ber Levinsohn, ardent partisan de réformes éducatives, préconisant l'apprentissage par les juifs de nouveaux métiers. La Lituanie devient l'un de ses hauts lieux, avec des personnalités comme Mordekhai Aharon Guenzburg. En 1853 paraît sous la plume d'Avraham Mapou le premier roman moderne en hébreu, *Amour de Sion*, qui connaît un grand succès. Il est suivi de la traduction en hébreu des *Mystères de Paris* d'Eugène Sue par Kalman Schulman, qui contribue à frayer la voie à une littérature romanesque hébraïque moderne et séculière. La seconde génération d'hommes des Lumières compte quelques maîtres du récit réaliste dont Mendele Moykher Seforim, qui écrit d'abord en yiddish ou Peretz Smolenskin. Une riche presse hébraïque contribue à la diffusion du mouvement et de ses idéaux. Toutefois, l'hébreu étant la langue des élites intellectuelles et les langues locales n'étant quasiment pas parlées par les juifs, les tenants de la *Haskala* utilisent aussi le yiddish pour toucher le plus grand nombre. La littérature yiddish connaît ainsi un développement parallèle à celui de la littérature hébraïque.

Le déploiement des Lumières juives ne s'arrête pas en Russie. Dans les Balkans ottomans, elles suscitent une effervescence culturelle et notamment un renouveau de la littérature judéo-espagnole. Le Salonicien Youda Néhama, appelé le « Mendelssohn turc », l'Andrinopolitain Joseph Halévy ou le journaliste Saadi Betsalel Halévi militent pour la création d'écoles modernes, où l'éducation donnée, profane pour l'essentiel, est de type européen. Et dans le dernier quart du XIXe siècle, le courant atteint l'Afrique du Nord, où ses promoteurs développent une presse et toute une nouvelle littérature en judéo-arabe.

De fait, un ample mouvement de modernisation gagne peu à peu le monde juif à la fin du XVIIIe puis au XIXe siècle. Ce mouvement a sa dynamique interne et il ne fait pas que répondre aux stimulations extérieures. Les Lumières juives en ont été un aspect important, mais n'ont vraiment touché que des cercles restreints. En Europe orientale, si elles ont constitué une force sociale et littéraire, elles n'ont pas eu pour autant un grand impact sur les masses, restées attachées, dans leur majorité, au mode de vie hérité du passé. Quant aux juifs d'Europe occidentale et centrale, leur devenir doit autant aux transformations profondes de leurs sociétés d'accueil qu'à leurs propres aspirations au changement.

B. La France et le modèle du franco-judaïsme

À la veille de la Révolution, environ 40 000 juifs vivent dans le royaume de France. En 1785, la Société royale des sciences et des arts de Metz choisit comme sujet de son concours de 1787 la question suivante : « Est-il des moyens de rendre les juifs plus utiles et plus heureux en France ? » Aucun des mémoires présentés ne se distinguant vraiment, le concours est relancé l'année suivante. Le prix est alors partagé entre trois lauréats dont l'abbé Grégoire, auteur d'un *Essai sur la régénération physique, morale et politique des juifs* tenu par la suite comme un texte fondateur de l'émancipation des juifs, et Zalkind Hourwitz, un juif polonais initié aux Lumières à Berlin qui développe une défense vigoureuse des juifs et de leurs « extraordinaires » qualités, tout en réfutant l'idée qu'ils doivent cesser d'être juifs s'ils souhaitent devenir des citoyens. Parallèlement, l'attitude des milieux gouvernementaux évolue elle aussi. Et quelques pas sont faits pour amorcer une réforme requise par les mutations politiques et socio-économiques du pays. Mais c'est la Révolution qui, en 1790 et en 1791, accorde en deux temps la citoyenneté aux juifs de France, lesquels sont ainsi les premiers à être émancipés en Europe.

Leur intégration et leur promotion ne se réalisent cependant pas du jour au lendemain sous l'effet des lois émancipatrices. Il leur a fallu du temps pour surmonter les séquelles du passé et pour assimiler la nouvelle donne, dans un contexte lui-même changeant, alternant avancées et replis. La Terreur, avec sa politique antireligieuse, n'épargne pas non plus les juifs. Et la période napoléonienne est marquée par la réunion d'une Assemblée de Notables, puis d'un « Grand Sanhédrin ».

Un décret du 30 mai 1806 convoque la première à Paris. Les notables qui la composent sont choisis par les préfets parmi les juifs les plus probes et les plus éclairés, religieux et laïcs réunis. Douze questions leur sont transmises, portant sur la polygamie, le divorce, les mariages exogames et la fraternité entre juifs et chrétiens, le patriotisme des juifs, la nomination des rabbins, leur autorité et l'étendue de leur juridiction, les métiers interdits par la loi juive et l'usure. Il s'agit en fait de savoir si les lois du judaïsme s'accordent avec les dispositions du droit commun et d'évaluer le degré d'attachement des juifs à l'Empire. Les notables s'empressent d'assurer que « leur religion ordonne de regarder comme loi suprême la loi du prince en matière civile et politique », ce qui revient à reconnaître la prééminence de la loi civile française. En Europe, rappellent-ils, le judaïsme interdit la polygamie depuis le Moyen Âge. Le divorce civil et le divorce religieux sont tous deux indispensables. Quant à la question délicate du mariage mixte, que Napoléon veut encourager pour hâter l'intégration des juifs, l'Assemblée la contourne en notant que « ... les rabbins ne seraient pas plus disposés à bénir le mariage d'une chrétienne avec un juif ou d'une juive avec un chrétien que les prêtres ne consentiraient à bénir de pareilles unions ».

Napoléon souhaite toutefois que les notables se constituent en « Grand Sanhédrin », restaurant ainsi une institution politico-religieuse de l'Israël antique, cour suprême siégeant originellement à Jérusalem, et disparue depuis quatorze siècles. Ce nouveau Sanhédrin, composé comme alors de soixante et onze membres, dont deux tiers de rabbins pour que ses décisions fassent autorité, doit donner une forme religieuse aux avis de l'Assemblée. Il se réunit en février 1807 sous la présidence du rabbin alsacien David Sintzheim. Les réponses de l'Assemblée et celles du Sanhédrin ne varient que par le ton. La première avait exprimé des avis, le second édicte des ordres. Il distingue dans le judaïsme des dispositions religieuses, absolues et intemporelles, et des dispositions politiques, pouvant être suspendues. Et ses décisions sont présentées comme directement tirées de la loi juive et non comme découlant de quelque esprit de soumission. Un mois après sa première séance, le Sanhédrin est dissous.

Trois décrets sont promulgués le 17 mars 1808. Les anciennes communautés autonomes sont remplacées par un consistoire central et des consistoires départementaux. Ceux-ci sont composés de laïcs et de rabbins proposés par les notables juifs et agréés par l'État, ce qui revient à la reconnaissance officielle de la spécificité religieuse du groupe juif. Pour la première fois de leur histoire, tous les juifs de France sont regroupés dans une organisation unique et centralisée dont avaient effectivement besoin des communautés déstabilisées par l'émancipation et ses conséquences. Ce système remplit aussi le rôle d'utile auxiliaire de l'État dans le maintien de l'ordre à l'intérieur des groupes juifs. Le troisième décret, qualifié par la suite de « décret infâme », est d'une autre nature. Reprenant quelques-unes des pratiques discriminatoires de l'Ancien Régime, il instaure un système d'inégalité juridique pour les juifs. Il reste dix ans en vigueur. La Restauration, en ne le prorogeant pas, lève les dernières restrictions pesant sur les juifs. La IIe République et surtout le second Empire sont une période faste pour les juifs car l'intégration commence à devenir une réalité.

Après l'émancipation, le particularisme des juifs français n'est toléré par l'État que parce que son contenu est uniquement religieux (du moins le croit-on). L'ambiguïté entre affiliation religieuse et appartenance à un peuple ne disparaît pas pour autant, et la seconde pèse parfois plus lourd, par exemple après l'affaire Dreyfus, et après la Grande

Guerre dans certains milieux intellectuels, mais elle s'inscrit toujours dans le cadre d'un franco-judaïsme qui émerge et s'affirme sous la IIIe République. Les juifs identifient en effet leurs propres intérêts à ceux de la République à laquelle ils témoignent leur reconnaissance de les avoir émancipés. L'alliance devient naturelle entre la République et les juifs. La perte de l'Alsace-Lorraine en 1871, la montée de l'antisémitisme dont l'extrême droite antirépublicaine est le champion, les valeurs républicaines de liberté, d'égalité et de fraternité ne font que la renforcer. Aux yeux des juifs, la Révolution avait réalisé les idéaux de justice et de progrès des prophètes bibliques et du judaïsme et la République poursuivait son œuvre en construisant une société fondée sur ces principes. Entre la France républicaine et les juifs, il y avait donc plus qu'une communauté d'intérêts : une communauté d'identité. L'orientaliste juif James Darmesteter théorise cette synthèse des valeurs progressistes juives et françaises. C'est ce franco-judaïsme qui accomplit le passage du « juif », connoté négativement par tant de siècles d'histoire, à l'« israélite » et aboutit à l'abandon apparent de la notion de peuple juif – à savoir d'une culture et d'une identité collectives dépassant le cadre des rites et des croyances religieuses. Le juif de France est désormais un Français israélite.

C. Europe centrale et symbiose judéo-allemande

En Europe centrale, dans les monarchies absolues, les juifs sont longtemps soumis à de nombreuses restrictions qui limitent leurs activités et soumettent à des quotas leur entrée dans les pays concernés. Mais l'ère de l'absolutisme mercantiliste qui commence accorde, dans le développement économique, un rôle primordial à l'argent et au commerce. L'utilité d'une certaine catégorie de juifs favorise ainsi l'octroi de privilèges. Ce sont eux qui fournissent aux États et aux princes les capitaux et les marchandises dont ils ont besoin. C'est en leur sein que se recrutent les juifs de cour qui, à leur tour, tentent d'obtenir la protection pour leur communauté, encore enfermée dans les cadres stricts de la société achkénaze traditionnelle.

C'est dans cette atmosphère que, sans vouloir couper radicalement ni avec leur milieu originel ni avec leur patrimoine culturel, des juifs issus de l'élite s'éloignent peu à peu de l'espace communautaire, penchant pour une plus grande perméabilité à l'égard de la société et de la culture allemandes, avec lesquelles ils commencent à être familiarisés. Quelques hommes d'État prêtent appui à ces aspirations. C'est le cas de Joseph II, à la tête de l'Empire des Habsbourg. Toujours tolérés, s'acquittant de taxes spéciales, les juifs sont cependant encouragés à quitter les ghettos, à apprendre des métiers « utiles », à employer des domestiques chrétiens, à envoyer leurs enfants dans les écoles publiques et à l'université ou à fonder leurs propres établissements avec enseignement en allemand. On leur demande de ne plus tenir leurs registres commerciaux en hébreu ou en yiddish. On appelle les couches aisées à s'intégrer dans la société environnante. Au décès de Joseph II, en 1790, cette politique est rapidement abandonnée.

L'émancipation complète ou partielle des juifs d'Europe devient réalité au gré des victoires napoléoniennes. Mais la défaite finale de Napoléon aboutit, au congrès de Vienne, en 1815, à une refonte de la carte de l'Europe, suspendant les bénéfices de la Révolution et inaugurant une période de réaction. On fait ainsi marche arrière sur la question juive et l'on rogne les droits acquis. Les anciennes restrictions sont restaurées quasiment dans toute l'Allemagne. Après 1830, les forces libérales, acquises au principe de l'émancipation, rejointes par nombre de juifs, gagnent du terrain. Les révolutions de 1848 font souffler un vent nouveau de liberté. Les juifs eux-mêmes participent massivement aux insurrections à Berlin et à Vienne. Malgré des lenteurs, le poids des nationalismes, l'antijudaïsme des masses, dans les années 1870, le processus d'émancipation est achevé en Allemagne. L'égalité des droits, reconnue en 1848 en Autriche et en Hongrie, est confirmée à l'avènement de la monarchie d'Autriche-Hongrie en 1867, avec extension de la mesure aux juifs de Galicie.

De nouveaux horizons s'ouvrent aux juifs, des opportunités économiques inconnues jusque-là s'offrent à eux. La révolution industrielle aidant, ils diversifient leurs métiers. Leur urbanisation s'accélère. Ils sont des éléments actifs dans le processus global de modernisation de l'Europe. Leur situation économique s'améliore, ils deviennent un groupe de classe moyenne. Cette évolution favorise une importante croissance démographique. À la fin du XIXe siècle, le judaïsme européen compte environ 7,5 millions d'individus dont 470 000 en Allemagne. Ces bouleversements se répercutent sur la vie juive traditionnelle. La discipline religieuse se relâche, la communauté n'exerce plus aucun contrôle sur l'individu pour qui la religion relève désormais du domaine privé. Pour les juifs d'Allemagne et d'Autriche-Hongrie, leur judéité est de fait longtemps restée une entrave à leur avancement dans divers secteurs, créant toute une série de frustrations sociales et individuelles, et pour certains la conversion se présente alors, selon le mot de Heinrich Heine, comme un « billet d'entrée dans la société ».

En Europe centrale, contrairement à ce qui se passe en France, l'intégration précède en fait largement l'émancipation. Les juifs se sont très tôt ingéniés à effacer les différences professionnelles, religieuses et d'apparence susceptibles d'entraver leur rapprochement avec les autres segments de la société. C'est dans ce contexte d'abord non émancipateur sur le plan strictement juridique, mais où l'intégration est en revanche de plus en plus palpable, que des mouvements de réforme religieuse se développent au cours des premières décennies du XIXe siècle. Abraham Geiger est l'un des artisans de cette entreprise d'adaptation du judaïsme à l'esprit du temps. Parti d'Allemagne, le judaïsme réformé gagne ensuite le reste de l'Europe sous des formes diverses et s'implante aux États-Unis. Dans sa période de formation, il n'a pas hésité à prendre ses distances vis-à-vis des rigueurs du droit juif traditionnel et à prôner de profondes modifications de la pratique et du culte juifs. C'est contre ces excès qu'un Zacharias Frankel initie quant à lui une tendance réformiste modérée, attachée à une application plus rigoureuse de la Loi et appelée à se développer aux États-Unis sous le nom de judaïsme *conservative*.

Autre courant modernisateur, la *Wissenschaft des Judentums* ou « Science du judaïsme » apparaît elle aussi dans la première moitié du XIXe siècle, dans le sillage des Lumières juives, parmi les intellectuels juifs allemands. Il s'agit pour eux d'élaborer une nouvelle identité juive, en phase avec le contexte contemporain, et de promouvoir une série de réformes dans les domaines du culte, des croyances, du mode de vie, de la structure sociale, de l'éducation et de la culture, susceptibles de hâter l'obtention de l'émancipation légale. Eduard Gans et Leopold Zunz comptent parmi les figures les plus éminentes de ce courant qui entend soustraire les grands textes du judaïsme à l'exégèse traditionnelle et les soumettre aux méthodes critiques de la science moderne. Jugé moribond en tant que religion, le judaïsme devient l'objet d'une approche distanciée, seule à même, selon ses tenants, de lui éviter de disparaître totalement dans le flot de la sécularisation. Cette attitude rend en outre ces études accessibles aux autres savants et les fait sortir du cercle restreint des érudits juifs religieux, en montrant que le judaïsme est aussi une culture, une histoire, une politique. La « Science du judaïsme », étroitement liée au judaïsme réformé, qui marqua durablement l'histoire postérieure des études juives, a par ailleurs contribué à l'ouverture de séminaires rabbiniques formant leurs recrues aux méthodes scientifiques modernes. Toute une série de périodiques savants voient le jour, ainsi que des sociétés savantes. De grandes figures d'érudits juifs d'un genre nouveau s'imposent, tels le bibliographe Moritz Steinschneider et l'historien Heinrich Graetz.

Ces diverses initiatives, qui visent à moderniser le judaïsme et à le valoriser aux yeux de sociétés environnantes qui tardent à faire des juifs des citoyens à part entière, provoquent par réaction des mouvements divers de réaffirmation des valeurs traditionnelles. Ainsi Moïse Sofer, né à Francfort-sur-le-Main, nommé en 1806 rabbin de Presbourg, en Hongrie, fonde-t-il une *yechiva* (académie religieuse supérieure) qui devient un centre de la résistance au mouvement réformé. Dans la lutte sans merci qu'il mène contre la modernisation, il ne laisse aucune place à quelque innovation que ce soit. Adversaire acharné du type d'éducation prôné par les tenants des Lumières juives, hostile au combat mené par les juifs pour l'émancipation, indéfectiblement attaché au modèle de vie traditionnel, Moïse Sofer rend infranchissable le fossé qui se creuse alors entre juifs orthodoxes et non orthodoxes. Un esprit différent anime la néo-orthodoxie. Elle tend à la conciliation d'une stricte observance de la Loi juive avec les exigences de la société contemporaine. Le rabbin allemand Samson Raphaël Hirsch en a été le premier idéologue. Malgré son rigorisme en matière religieuse, il se prononce pour la promotion de la culture allemande et du sentiment patriotique parmi les juifs, pour l'adoption de l'habit occidental et l'amélioration de la condition des femmes, pour l'affirmation de l'existence d'une « mission » que le peuple d'Israël aurait à accomplir auprès des Nations. Cette formule révisée de l'orthodoxie suscite cependant peu d'enthousiasme chez les juifs acculturés de son temps.

Cette variété d'attitudes témoigne de l'existence d'une vie juive plurielle et riche, parallèlement au désir d'identification à la culture allemande et au patriotisme effréné de certains milieux juifs. Et une fois l'émancipation acquise, une pléiade de penseurs juifs allemands illustre magistralement ce qu'on a pu appeler la « symbiose judéo-allemande ». L'histoire de cette nouvelle philosophie juive n'est pas séparable de celle de la philosophie allemande. Elle tente de résister aux sirènes de l'universalisme chrétien et de répondre aux assauts d'un antisémitisme nouveau. L'un de ses traits caractéristiques est la centralité reconnue par nombre de ses maîtres à la question éthique. Hermann Cohen est un de ses représentants tardifs, auteur de *Religion de la raison à partir des sources du judaïsme* publié après sa mort en 1919. La première moitié du XXe siècle voit par ailleurs l'émergence d'un existentialisme juif avec un Franz Rosenzweig, auteur de *L'Étoile de la Rédemption* (1921) ou un Martin Buber. Le génocide mit un terme tragique et définitif à cette combinaison originale et fructueuse de la judéité et de la germanité.

D. L'Europe orientale, grand réservoir de l'orthodoxie

Au milieu du XVIIIe siècle, le grand royaume de Pologne abrite plus des deux tiers du judaïsme mondial. Certaines réformes visant à la centralisation sont alors entreprises et quelques-unes concernent les juifs. En 1764, le dernier roi de la Pologne indépendante supprime les deux grandes institutions autonomes juives, le Conseil des Quatre Pays et le Conseil de l'État de Lituanie, sous prétexte d'une réorganisation du recouvrement des impôts. En 1772, 1793 et 1795, les partages successifs du royaume polono-lituanien entre la Prusse, l'Autriche et la Russie, puis, en 1815 la décision du congrès de Vienne de placer le duché de Varsovie sous la souveraineté du tsar Alexandre Ier inaugurent une nouvelle ère pour les juifs. La majorité du judaïsme « polonais » vit désormais sous domination russe.

Jusque-là, très peu de juifs habitaient la Russie. Alexandre Ier tente de les intégrer à la société russe en permettant leur accès à toutes les écoles russes, polonaises et allemandes. Ses successeurs continuent d'agir en ce sens, soit en exerçant des pressions, soit en octroyant des droits, soit en combinant les deux. Un décret fixe en 1804 les territoires où ils sont autorisés à habiter. C'est la fameuse « zone de résidence », située dans la Pologne d'avant le partage de 1772, au sud de l'Ukraine et aux abords de la mer Noire. Alexandre Ier suspend cependant provisoirement l'expulsion des juifs des villages. Mais à la fin de son règne, leur situation se détériore et avec l'avènement de Nicolas Ier, en 1825, elle ne fait qu'empirer.

À partir de 1827, certains quotas d'hommes juifs âgés de douze à vingt-cinq ans doivent être envoyés dans les unités cantonistes, des camps préparatoires, à fin de russification, voire de conversion. La durée du service est de vingt-cinq ans, comme pour les Russes, mais les groupes minoritaires, juifs compris, sont le plus durement touchés. Le recrutement incombe à la communauté, et lorsque les quotas ne sont pas atteints, des attrapeurs d'enfants remplacent les manquants par des jeunes gens sans passeports. La structure communautaire juive est abolie en 1844, et l'on ordonne la création d'écoles gouvernementales juives faisant place à un enseignement de type occidental et aux disciplines profanes, et dont les enseignants ne seraient pas tous juifs. Ces écoles, où la plupart des juifs refusent d'envoyer leurs enfants, deviennent des pépinières d'adeptes des Lumières juives. En 1851, Nicolas Ier répartit ses sujets juifs en deux catégories, celle des juifs « utiles », marchands riches, artisans et agriculteurs, et celle des « superflus », rassemblant les masses indigentes susceptibles d'être orientées vers la conscription en vue de l'apprentissage de métiers « utiles ».

Alexandre II, arrivé au pouvoir en 1855, ouvre une ère de libéralisme pour les juifs. La conscription juvénile prend fin ; les grandes villes sont accessibles aux couches favorisées ; on rétablit leur admission dans les écoles et les universités. Mais l'assassinat du tsar est suivi de pogromes, en 1881-1882, et de grandes vagues d'émigration. Les lois de Mai ou Lois temporaires de 1882 ont pour seul objectif d'exclure le juif et d'encourager son départ du pays. Et jusqu'en 1917, la vie juive en Russie est en butte aux mesures restrictives, aux pogromes, et à un antisémitisme d'État virulent.

À la fin du XIXe siècle, plus de 5 millions de juifs – soit la moitié du peuple juif – résident dans l'Empire russe. Plus de 50 % vivent dans la zone de résidence. La Russie juive se montre particulièrement perméable à certains des courants majeurs qui touchent le monde juif, y compris les plus novateurs. L'Europe orientale n'en reste pas moins le réservoir d'une orthodoxie juive puissante, nombreuse et diverse.

De fait, les conditions sociales, économiques et politiques qui y ont prévalu pendant plus de deux siècles ont d'abord amené les juifs à exprimer leurs aspirations au changement dans un mouvement de nature religieuse : le hassidisme (en hébreu *hassidout*, « piété, dévotion »). Apparu en Podolie au XVIIIe siècle, il puise dans le fond des enseignements de la kabbale et s'il constitue une rupture nette avec le sabbatéisme, ce courant déviant né au siècle précédent de la prédication du faux messie Sabbataï Tsevi, il conserve néanmoins certaines affinités d'inspiration avec lui. Comme d'autres mouvements mystiques, il se nourrit de l'espoir de délivrance. L'Exil y est interprété comme l'expression d'un antagonisme métaphysique, spirituel, éthique et économique entre le peuple juif et les non-juifs. Le hassidisme travaille activement, ici et maintenant, au *tikoun*, à cette « réparation » qui rachètera le monde et rédimera Israël.

Son fondateur, Israël ben Éliézer, connu sous l'acronyme de *Becht*, pour « *Baal Chem Tov* », littéralement « le Maître du bon Nom », prêche une foi vivante et la confiance. Il invite à la ferveur et à l'enthousiasme dans l'accomplissement des commandements. L'amour de Dieu doit remplir de joie le croyant. Cette revalorisation de la spontanéité religieuse se fait parfois au détriment de l'étude, l'essentiel étant d'accéder à un état privilégié d'adhésion à Dieu. Cette voie est ouverte à tous, même au plus humble des fidèles, mais celui qui est arrivé au sommet, qui a senti le souffle de Dieu passer sur lui, est investi d'une force morale extraordinaire dont il peut faire profiter les autres. Il s'agit du *Tsadik,* ce « Juste » intercesseur privilégié et thaumaturge.

Après la mort du *Becht,* ses disciples Dov Baer de Mezeritch et Yaakov Yosef de Polonnoye poursuivent l'œuvre engagée. Les communautés hassidiques adoptent une version modifiée de la liturgie sépharade, fondée sur le rituel du kabbaliste Isaac Louria. L'institution de la prière perd de sa régularité, mais gagne en intensité et conduit à l'extase. Le corps tout entier y participe ; le chant, le balancement rythmique et même la danse sont des instruments de la ferveur. Le hassidisme triomphe dans les contrées où sévit une grande pauvreté ; la moitié du judaïsme polonais et une partie importante du judaïsme russe s'y rallient. Chaque communauté hassidique a son *Tsadik,* son « Juste ». Et la charge, héritée de père en fils, donne naissance à de véritables dynasties.

À partir de 1772, les adeptes du hassidisme, les *hassidim,* se heurtent à l'opposition de l'establishment rabbinique d'Europe orientale et sont frappés d'excommunication. Leurs opposants, les *mitnagdim,* sont conduits par Éliézer ben Salomon Zalman, appelé couramment le *Gaon* (« éminence, gloire ») de Vilna, et ses disciples. Auteur prolifique, exégète méthodique et juriste rigoureux, maîtrisant l'ensemble de la culture juive traditionnelle, mais aussi excellent grammairien et compétent dans toutes les sciences profanes susceptibles à ses yeux de contribuer à une meilleure compréhension de la Torah, le *Gaon* a contribué à façonner une culture juive lituanienne qui atteint ses sommets au XIXe siècle. Mais c'est aussi l'un des critiques les plus farouches du hassidisme. À celui-ci est reproché de placer l'étude moins haut que la prière et de vénérer un ignorant en la personne du *Becht.* S'aider de chants ou de danses pour trouver la ferveur semble une folie. Les *hassidim* n'hésitant pas à boire pour atteindre l'extase, leurs adversaires les accusent de débauche et crient au scandale. La lutte entre les deux groupes s'exacerbe à la mort du *Gaon* de Vilna. Ses disciples vont jusqu'à dénoncer les *hassidim* aux autorités russes comme des hérétiques indésirables. Les tensions ne s'apaisent en fait que dans les années 1830, quand apparaît un ennemi commun, les Lumières juives, où les traditionalistes ne voient qu'apostasie et honteuse licence.

Les successeurs du *Gaon* créent en Lituanie et en Biélorussie tout un réseau d'académies religieuses (*yechivot*) d'un type nouveau. La plus célèbre est celle inaugurée en 1802 à Volozhin, en Biélorussie, par Hayim ben Isaac Volozhiner, d'où sont sortis la plupart des rabbins et des talmudistes russes du XIXe siècle et qui devient un centre majeur de la résistance aux Lumières juives. Dans le sillage du mouvement *Musar* (litt. « éthique »), initié par Israël Lipkin Salanter, apparaissent à Slobodka, Telz, Mir et Novardok des établissements où l'on œuvre non seulement au perfectionnement intellectuel des élèves, mais aussi à leur perfectionnement moral, et où, à l'étude talmudique et juridique, sont associées la lecture et la méditation de textes éthiques. En Pologne, c'est le modèle hassidique qui prévaut.

Toutefois, à certains segments du judaïsme d'Europe orientale, ces réponses d'inspiration religieuse à l'aggravation des conditions de vie concrète des juifs et à la montée du péril antisémite vont sembler insuffisantes. D'autres options, révolutionnaires, s'imposent peu à peu.

E. Idéologies modernes

1) L'antisémitisme

La fin du XIXe et le début du XXe siècle voient en effet s'affirmer une menace nouvelle : l'antisémitisme moderne. Celui-ci n'est certes pas sans liens avec l'antijudaïsme des âges précédents, mais il s'en distingue de plus d'une façon. Le mot lui-même est d'apparition récente. Il est utilisé pour la première fois en Allemagne par l'agitateur politique Wilhelm Marr dans un pamphlet publié en 1879. Et la réalité qu'il désigne se cristallise en Europe à partir de la fin des années 1870, dans un contexte politique et économique favorable, dont le panslavisme et le pangermanisme forment la toile de fond. Au vieux legs de l'antijudaïsme traditionnel, toujours vivace dans les milieux de droite et du clergé catholique, il combine un certain nombre d'éléments nouveaux : l'anticapitalisme judéophobe des socialistes et des couches populaires, d'une part, l'élaboration du concept pseudo-scientifique de la race, d'autre part. Cette dernière évolution doit beaucoup aux découvertes récentes de la biologie de l'époque ainsi qu'aux succès du positivisme et du darwinisme, et débouche sur une théorisation de l'inégalité des races. L'antisémitisme racial, à la différence de l'antijudaïsme théologique, ne laisse, lui, aucune issue au juif, car aucune conversion ne peut « racheter ». Il va culminer dans l'extermination systématique organisée par le nazisme.

En France, l'émancipation des juifs suscite des réactions diverses. Dans une certaine imagerie populaire et rurale, pour la droite antirépublicaine, le juif est l'agent de la révolution, le persécuteur du clergé, le fossoyeur de la religion et de la civilisation chrétiennes. Mais la gauche, à l'exception du mouvement saint-simonien, apporte aussi sa contribution au renouvellement du discours antijuif. Le juif devient ce parasite qui infeste, d'après Fourier, les fonctions improductives du commerce, qui investit dans les machines destructrices de travail, qui détourne le revenu des classes laborieuses. Il faut attendre l'affaire Dreyfus, où l'antisémitisme a joué un rôle important dans la condamnation du capitaine, finalement réhabilité et réintégré dans l'armée en 1906, pour que la gauche républicaine rompe avec cette tradition. Longtemps, les Rothschild nourrissent ainsi les fantasmes antisémites de droite et de gauche, avec leur corollaire, la hantise du pouvoir juif occulte. C'est l'ère de la dénonciation du complot juif qui commence, un thème récurrent supposé expliquer tous les troubles sociaux et politiques, bientôt indissociable de son jumeau, le complot franc-maçon. Même les États-Unis n'échappent pas à la contagion. Profondément imprégnés de biblisme protestant, constitutionnellement attachés à la liberté de conscience depuis l'origine, ils n'en ont pas moins gardé jusqu'à la fin de la guerre de Sécession des lois discriminatoires concernant le droit de vote et l'accès aux charges publiques. L'antisémitisme importé d'Europe à la fin du siècle est présent dans le discours populiste de certains leaders ouvriers et dans celui de groupes extrémistes tels que le Ku Klux Klan, sans jamais pourtant prendre les proportions qu'il va connaître en Europe.

L'Europe des années 1880 entre en effet dans une phase de grave récession économique. Les mutations politiques, sociales et économiques qui déstabilisent les sociétés du continent précipitent le rapprochement et la combinaison des diverses tendances antijuives. Et en Russie, qui abrite la plus grande population juive du monde, l'antisémitisme est érigé en politique d'État, attisant une haine populaire vivace, nourrie de siècles d'antijudaïsme orthodoxe. Les pogromes successifs finissent par susciter des départs massifs, principalement vers le Nouveau Monde. Même l'Orient musulman, qui n'a connu jusque-là que des accès rares et circonscrits de violence contre les juifs, n'est plus épargné, dès le XIXe siècle, par les effets de l'antisémitisme européen.

2) *Le socialisme*

Face à ces menaces, beaucoup de juifs s'engagent et renouent avec l'action politique. Pour certains, le socialisme est une option. Contrairement à un préjugé répandu, le socialisme n'a pas été inventé par les juifs et nombre de ses leaders les plus illustres n'étaient pas juifs. Le socialisme lui-même, à ses débuts, n'a pas été à l'abri, on l'a vu, de dérives antisémites. Les juifs n'en ont pas moins joué dans son développement un rôle sans rapport avec leur nombre dans la société environnante. En Allemagne, au XIXe siècle, ils sont très présents dans le mouvement socialiste naissant. Karl Marx, juif converti au protestantisme, est l'inventeur du socialisme scientifique et le fondateur du mouvement communiste international. Ferdinand Lassalle crée quant à lui la première organisation ouvrière allemande, plus tard inspiratrice de la social-démocratie allemande. Eduard Bernstein devient le théoricien de l'aile réformiste du socialisme allemand tandis que Rosa Luxemburg crée, avec Karl Liebknecht, la ligue Spartakus, futur Parti communiste allemand. Deux des six commissaires du peuple, dans le premier gouvernement socialiste postrévolutionnaire en Allemagne, en 1918, sont juifs. À la tête de la représentation des soviets éphémères de Munich, il y a aussi des juifs, dont l'anarchiste Gustav Landauer. Les leaders du socialisme autrichien avant 1914 et dans la période de l'entre-deux-guerres sont majoritairement juifs, y compris le fondateur du Parti social-démocrate, Victor Adler, et son successeur, Otto Bauer. Des intellectuels juifs sont également membres du Parti social-démocrate hongrois. Une situation similaire prévaut en Pologne. Parmi les révolutionnaires juifs russes, on peut citer, outre Trotski, les bolcheviks Zinoviev, Kamenev et Radek. Ils sont encore plus nombreux dans le parti menchevik. En Roumanie, en Hongrie, en Pologne, le leadership des partis ouvriers sera en grande partie entre les mains des juifs.

Un mouvement socialiste spécifiquement juif est même créé à Vilna dans la clandestinité en 1897. Antisioniste, il appelle à une autonomie culturelle fondée sur la langue yiddish et demande pour les juifs le droit de vivre en tant que minorité nationale. Rapidement, il dépasse le cadre du milieu ouvrier, menant la bataille non seulement contre les employeurs locaux mais aussi contre le régime d'oppression de Nicolas II. Ses activités sont d'ordre politique, syndical et culturel. En 1898, il joue un rôle de premier plan au congrès de fondation de la social-démocratie russe. À ce moment, il compte déjà 5 600 militants. Dans les années 1905-1906, ils sont plus de 30 000. En 1921, il est brutalement liquidé en Union soviétique ; il subsiste en Pologne jusqu'à la Seconde Guerre mondiale.

Les juifs ont ainsi constitué un élément pionnier, un ferment, un catalyseur au sein des mouvements socialistes et révolutionnaires. Certains vont jusqu'à faire la jonction entre messianisme et socialisme. Il n'est pas impossible que le monde meilleur que le socialisme proposait de construire ait en partie comblé les attentes de ces jeunes juifs ne trouvant pas leur place dans les sociétés d'Europe centrale et orientale et comptant sur la révolution pour apporter une solution à la question juive. Luttant pour la réalisation concrète de la justice sociale ici-bas, développant une vision rédemptrice du devenir humain, le socialisme n'a pu que séduire une jeunesse à laquelle certains principes juifs hérités d'un passé encore récent n'étaient pas tout à fait étrangers.

3) Le sionisme

Autre voie de retour des juifs à l'action politique, le sionisme (de Sion, autre nom de Jérusalem) est lui un mouvement national réclamant la restauration d'une vie juive indépendante en Palestine. Le rôle des nationalismes européens et la création de nouveaux États-nations au XIXe siècle ont été déterminants dans la gestation et l'éclosion de l'idée nationale juive dans certains cercles. Mais même s'il est un signe clair de sécularisation et s'il s'est largement construit contre les modèles de l'existence diasporique traditionnelle, le sionisme s'est fortement appuyé sur l'ancien messianisme juif auquel il a emprunté ses ferments idéologiques et encore plus ses ferments émotionnels, tout en remplaçant les éléments miraculeux et eschatologiques par des concepts politiques réalistes.

Le développement de l'antisémitisme dans les années 1870 et les pogromes russes de 1881-1882 confèrent une urgence nouvelle à des discours jusqu'ici isolés. Sans qu'on puisse tenir ce contexte pour la cause unique et mécanique de l'émergence du sionisme, son effet stimulateur est patent. Le nationalisme juif qui se développe alors, qu'il soit ou non d'inspiration socialiste, va d'abord dans le sens d'un nationalisme culturaliste de type diasporique, fondé sur la renaissance du yiddish, et il se conçoit sur place ; peu nombreux sont encore ceux qui tournent leurs regards vers la Palestine. En 1882, Léon Pinsker publie en Russie *Auto-émancipation*, un manifeste appelant les juifs à prendre en charge leur propre destin et proposant l'établissement d'un foyer national sur un territoire autonome. Cette publication précipite la fondation du mouvement proto-sioniste Amour de Sion (*Hibat Tsion* en hébreu) qui crée des centaines de sociétés et dont l'influence s'étend au reste de l'Europe orientale et dans les Balkans. Ses réalisations pratiques sont cependant assez minces. Seulement 2 % à 3 % des deux millions et demi de juifs qui quittent l'Europe orientale prennent le chemin de la Palestine.

L'aspiration nationaliste juive prend une forme concrète sous la houlette de Theodor Herzl, juif viennois fondateur du sionisme politique. Il met sur pied un programme cohérent, fondé sur l'action diplomatique et s'appuyant sur une organisation structurée. Au premier congrès sioniste, réuni à Bâle en 1897, il évoque le caractère illusoire de l'émancipation, rappelle que les juifs continuent à être victimes de discriminations et de persécutions, et tente de démontrer que la seule solution au problème juif est la création d'un foyer national en Palestine. L'Organisation sioniste, instrument du mouvement, est constituée. Elle a des antennes en Europe et aux États-Unis. À la mort de Herzl, elle rassemble quelques dizaines de milliers d'adhérents. Et on compte un petit nombre de nouvelles colonies en Palestine. Cela n'était peut-être pas suffisant pour changer le cours de l'histoire, mais une dynamique avait été lancée.

Tout au long de son histoire, le mouvement sioniste abrite plusieurs tendances, différant tout autant par les stratégies qu'elles préconisent que par l'idée qu'elles se font du futur État. Le courant travailliste finit cependant par dominer. Reste que le sionisme suscite longtemps dans le monde juif de fortes résistances. Les juifs intégrés redoutent que l'agitation sioniste ne fasse peser sur eux le soupçon de double allégeance et ne compromette les acquis de l'émancipation. Certains courants religieux se joignent à l'entreprise, y voyant, tel Abraham Isaac Kook, élu grand rabbin achkénaze de Terre sainte en 1921, les prémices laïques d'une rédemption foncièrement religieuse. Mais dans leur écrasante majorité, les orthodoxes sont vigoureusement hostiles au sionisme, le tenant pour une rupture avec le quiétisme politique traditionnel, pour une trahison de la vocation juive et pour un véritable sacrilège, seul Dieu devant décider du moment et des moyens du retour d'Israël sur sa terre, sous la conduite du Messie qu'il lui enverra.

F. Au Maghreb et en Orient

Tandis que l'Europe vit ces changements radicaux, l'existence juive en terre d'islam s'engage elle aussi dans une ère nouvelle.

Lors de la conquête française en 1830, l'Algérie compte environ 16 000 juifs, ce qui représente environ 1/10e de sa population urbaine. Adolphe Crémieux, qui y a fait plusieurs voyages, s'érige en champion de l'égalité des droits pour les juifs du pays. En 1870, il obtient que la citoyenneté française leur soit octroyée par décret. Les juifs des territoires du Sud ainsi que les Arabes musulmans sont exclus du bénéfice de cette mesure. Essentiellement urbaine, la population juive, au recensement de 1931, est de 102 013 âmes. La Tunisie ottomane, elle, abrite environ entre 25 000 et 30 000 juifs en 1850-1860. Plus de la moitié habite Tunis, vivant du commerce et de l'artisanat. En 1881, les troupes françaises occupent le pays qui devient un protectorat en 1883. Dans les années 1860, il y a quelque 10 000 juifs en Libye. Au moment de la conquête italienne en 1911, il y en a entre 18 000 et 19 000. Les deux tiers habitent Tripoli, Benghazi accueille la seconde concentration juive du pays et Amruz, près de Tripoli, héberge aussi une importante communauté ; le reste se regroupe dans de petites communautés implantées au long ou à proximité de la côte méditerranéenne.

Dans les années 1850-1860, la population juive marocaine s'élève à environ 80 000 âmes et elle est passée à 115 000 à la veille de l'instauration du protectorat français en 1912 (cette même année, les Espagnols obtiennent quant à eux une zone d'influence au nord et au sud du pays). Trois groupes se distinguent : les habitants des villes de la côte atlantique, les villageois du Sud et de l'intérieur, les gens des montagnes, vivant au milieu des Berbères. Les habitants des villes sont eux-mêmes partagés entre « autochtones » (*tochavim*), parlant le judéo-arabe, d'une part, et descendants des expulsés de la péninsule Ibérique arrivés à la fin du XVe siècle (*megorachim*), d'autre part. Ces derniers sont organisés séparément et concentrés dans des villes comme Tétouan et Tanger. Ils parlent *haketiya,* un judéo-espagnol émaillé de mots arabes.

Au XIXe siècle, la période coloniale est également celle, en Afrique du Nord et comme en Orient, de l'occidentalisation des populations juives locales. Les écoles de l'Alliance israélite universelle, organisation philanthropique juive fondée à Paris en 1860, contribuent fortement à cette évolution. Le premier établissement est fondé en 1862 à Tétouan. Les juifs nord-africains se montrent plus perméables aux grands courants politiques et littéraires qui traversent le monde juif. Ceux du Maroc sont cependant moins touchés par l'impact de ces forces modernisatrices ; seulement 12,5 % d'entre eux, dans le protectorat, parlent le français. Par ailleurs, le sionisme fait tôt son apparition en Afrique du Nord et la montée des nationalismes arabes dans l'entre-deux-guerres va s'accompagner d'un développement de l'adhésion sioniste au sein des populations juives ; les événements des décennies suivantes ne font que renforcer le phénomène.

L'affaiblissement et le démembrement progressifs de l'Empire ottoman, l'influence croissante des puissances européennes et l'éveil des nationalismes aboutissent à une nouvelle configuration du Proche-Orient, avec la naissance de jeunes États-nations sur les anciennes terres ottomanes où les expulsés d'Espagne sont installés depuis quatre siècles. La Grèce, la Serbie, la Bulgarie deviennent indépendantes. La Bosnie-Herzégovine, qui abrite l'important centre sépharade de Sarajevo, est elle occupée en 1878 par l'Autriche-Hongrie. Le XXe siècle accentue ce processus. Il ne brise pourtant pas l'unité sépharade, même si les Sépharades doivent désormais suivre l'évolution propre à leurs différents pays de résidence.

Au XIXe siècle, l'Empire ottoman engage une série de réformes, dont deux décrets garantissant l'égalité des non-musulmans. Même s'ils restent largement théoriques, ils fraient le chemin à l'émancipation des non-musulmans dans l'Empire, notamment à celle des juifs, au nombre d'environ 150 000 (sans compter les juifs de nationalité étrangère) entre 1844 et 1856. Ils encouragent les élites juives locales occidentalisées à initier des changements avec la complicité des élites juives européennes. C'est ainsi que l'Alliance israélite universelle, par son action éducative, engage progressivement cette branche majeure du judaïsme sépharade sur la voie de l'occidentalisation. Les Lumières juives se développent dans l'Empire, ainsi que le sionisme et le militantisme syndical, illustré par la Fédération socialiste ouvrière de Salonique et ses milliers d'adhérents.

Jusqu'en 1917, la Palestine, vers laquelle se tournent les regards des sionistes, est une possession ottomane. Entre 1881 et 1947, sa population juive passe de 24 000 à 630 000 âmes grâce aux vagues d'immigration successives. La révolution industrielle va de pair avec un spectaculaire développement agricole. Le pays est également le cœur de la renaissance culturelle hébraïque. L'hébreu y redevient une langue parlée, grâce à l'œuvre de militants inspirés comme Éliézer Ben Yehuda, et s'érige en langue d'enseignement dans les écoles et à l'Université hébraïque de Jérusalem, fondée en 1925. Des poètes comme Hayim Nahman Bialik et Shaul Tchernikhovsky participent activement à ce renouveau. La déclaration Balfour du 2 novembre 1917, aux termes de laquelle le Royaume-Uni considère désormais favorablement l'implantation d'un foyer national juif en Palestine, constitue un véritable tournant dans l'histoire tant du sionisme que de la région. Elle engage aux côtés du nationalisme juif la Grande-Bretagne, dont la Société des Nations officialise la présence en juillet 1922, en lui conférant un mandat sur le pays. En 1918, il y a 664 000 Arabes en Palestine et environ 82 700 juifs. Tous les germes des conflits à venir se trouvent déjà dans ce poids démographique nouveau, renforcé par la progressive colonisation des terres, conséquence de leur achat massif aux Arabes palestiniens.

G. Le Nouveau Monde

Face à l'Europe et à l'Orient, le troisième grand pôle du monde juif, à la fin du XIXe et au début du XXe siècle, se situe désormais outre-Atlantique.

Dès l'ouverture du Nouveau Monde aux aventuriers européens du XVIIe siècle, les premiers Sépharades venus du Brésil débarquent à La Nouvelle-Amsterdam (future New York). S'y joignent bientôt des juifs partis d'Amsterdam et des Caraïbes, et plus tard des villageois juifs d'Europe centrale et orientale. La Constitution des États-Unis de 1791 instaure la séparation de l'Église et de l'État et la liberté religieuse, et garantit à tous (juifs compris) l'intégralité des droits politiques. Mais dès le XVIIIe siècle, une nouvelle immigration se dessine, surtout en provenance d'Allemagne, qui s'accentue considérablement au siècle suivant. C'est elle qui donne le ton au judaïsme américain jusqu'au déferlement des juifs d'Europe orientale, à partir des années 1880. Au fur et à mesure de leur croissance, les communautés créent en grand nombre des institutions philanthropiques et éducatives, appelées à devenir un trait caractéristique de la vie juive nord-américaine.

Entre 1880 et 1925, 2 650 000 juifs d'Europe orientale s'installent aux États-Unis. Ils finissent par dominer les groupes existants et influencent durablement la vie juive américaine. Ce sont surtout des travailleurs manuels, exerçant leur métier dans des conditions pénibles et avec des salaires misérables. Au début du XXe siècle, des syndicats de travailleurs et travailleuses juifs voient le jour, revendiquant un demi-million d'adhérents. La vie religieuse connaît également un nouvel essor. Orthodoxes, les immigrants développent des institutions plus traditionnelles. Vers 1910, on trouve ainsi aux États-Unis des milliers de synagogues, à côté d'une foule d'écoles et d'organisations culturelles. Une presse yiddish et hébraïque florissante reflète tous les courants de la société juive ainsi que les différentes tendances de sa classe ouvrière. Théâtres et écoles yiddish enrichissent cette vie culturelle et la littérature yiddish connaît un épanouissement remarquable. Après la Première Guerre mondiale, quand les États-Unis comptent déjà plus de quatre millions de juifs, l'immigration atteint un nouveau pic, mais elle est pratiquement bloquée par les lois de 1921 et 1924, ce qui entraîne une progressive déprolétarisation et le déclin de la culture yiddish. La classe moyenne se développe et de plus en plus de juifs s'illustrent dans les arts, la musique, les sciences et la politique.

Quoique géographiquement la plus éloignée des théâtres des deux événements majeurs de l'histoire des juifs et du judaïsme au XXe siècle, la communauté juive américaine en sera à sa manière partie prenante. La Seconde Guerre mondiale et ses conséquences constituent pour elle, qui est originaire d'Europe et avait gardé des liens avec ce continent, un véritable traumatisme et elle va œuvrer activement pour la création de l'État d'Israël. Cet engagement, se manifestant régulièrement par un soutien politique, financier et moral considérable, finit par devenir partie intégrante de son identité.

IV

Le judaïsme au XXe siècle et au début du XXIe siècle

A. La destruction des juifs d'Europe

L'arrivée au pouvoir des nazis en Allemagne, en 1933, s'accompagne de l'adoption d'une série de mesures discriminatoires. En septembre 1935, les lois de Nuremberg « pour la protection du sang et de l'honneur allemands » déchoient les juifs de leur citoyenneté et en font des sujets de rang inférieur. L'application de ces dispositions s'appuie sur une définition précise du juif : « celui qui est issu d'au moins trois grands-parents juifs », « celui qui appartient à la communauté religieuse juive ». Entre 1933 et 1939, environ la moitié des 500 000 juifs d'Allemagne avait quitté le pays. En mars 1939, la Tchécoslovaquie disparaît. Et une nouvelle étape commence avec la conquête de la Pologne en septembre. Les juifs sont d'abord réunis dans les grands centres ferroviaires. On instaure des « conseils juifs », composés de notables, chargés de mettre en application les ordres des forces d'occupation. En octobre et novembre, environ 3,3 millions de juifs polonais sont contraints au port de signes distinctifs. On procède à leur ghettoïsation. Les conditions de travail, les épidémies, la faim causent la mort d'un demi-million d'entre eux.

Entre avril et juin 1940, les Allemands occupent le Danemark, la Norvège, la Belgique, la Hollande et la moitié nord de la France. Un demi-million de juifs supplémentaires se trouvent sous leur domination. L'armistice est signé le 22 juin 1940 par le gouvernement du maréchal Pétain. La France est partagée entre une zone occupée par les Allemands, au nord de la Loire, et une zone située au sud, dite « libre ». Les premières mesures discriminatoires en zone occupée sont l'œuvre des autorités allemandes. Par la suite, le gouvernement de Vichy et les forces d'occupation rivalisent d'ingéniosité pour resserrer l'étau sur les juifs. Vichy décrète son statut des juifs le 3 octobre 1940. Le juif y est défini selon des critères raciaux : il s'agit de toute personne issue de trois grands-parents de race juive ou de deux seulement si son conjoint est lui-même juif. Un second statut promulgué le 2 juin 1941 associe critère religieux et critère racial : « est considéré comme juif, celui qui appartient à la religion juive ou y appartenait le 25 juin 1940, et qui est issu de deux grands-parents de race juive ». La suppression de la zone libre, le 11 novembre 1942, à la suite de son occupation par les Allemands (exception faite des départements situés à l'est du Rhône, sous contrôle italien jusqu'en septembre 1943), étend la persécution à l'ensemble du pays. Dès lors, ni les juifs français, ni les apatrides, ni les étrangers ne sont plus épargnés.

Entre 1939 et fin 1941, environ un million de juifs européens sont exterminés par des procédés conventionnels. La conférence de Wannsee, tenue par les dignitaires nazis le 11 juin 1942, fixe les modalités de la « solution finale ». Auschwitz-Birkenau se transforme en une véritable machine d'extermination : 1 500 000 juifs y sont assassinés. Une résistance apparaît dans plusieurs camps et ghettos, entraînant des répressions violentes. Au ghetto de Varsovie, elle est organisée à la fin du mois d'octobre 1942 par des groupes affiliés aux mouvements de jeunesse sionistes et à des partis politiques. Dans la révolte, qui éclate le 18 janvier 1943, environ 40 000 juifs trouvent la mort. Dans les camps de la mort, environ 3 860 000 juifs auront péri. Le bilan global des victimes juives sur le continent européen, de l'Ouest à l'Est, Balkans compris, s'établit à 5 à 6 millions. Environ 1 200 000 juifs, survivants du génocide et réfugiés, des êtres brisés, circulent à travers l'Europe.

En 1939, 60 % des juifs vivaient en Europe ; en 1951, cette proportion est tombée à 30 %. Toutes les catégories de juifs européens, y compris les plus intégrés, ont été touchées, et l'immense foyer est-européen est anéanti.

Au lendemain de la guerre, les rescapés doivent d'abord lutter pour se reconstruire une nouvelle vie. Les croyants, toutefois, cherchent des réponses au dilemme théologique posé par le génocide. Pour l'écrivain Élie Wiesel, celui-ci n'est pas explicable avec Dieu, mais ne peut non plus être expliqué ni compris sans Lui. Pour l'Américain Richard L. Rubinstein, Auschwitz est une réfutation décisive de l'affirmation traditionnelle d'un Dieu providentiel agissant dans l'histoire et observant le peuple juif, qu'il a choisi entre toutes les nations. Joie et réalisation doivent être désormais cherchées dans cette vie plutôt que dans un futur mystique ou eschatologique.

Pour nombre d'ultra-orthodoxes, en revanche, la modernité et les mouvements séculiers qui l'accompagnent, dont le sionisme, ont éloigné les juifs de la Torah, et le génocide est un châtiment infligé au peuple juif pour ses péchés. D'autres, quant à eux, s'accordent à considérer l'époque moderne, notamment le XXe siècle, comme le début de l'ère messianique. Cette ère doit être précédée de convulsions. Le génocide est l'apogée des temps de troubles annoncés. La venue immédiate du Messie devrait en résulter, menant à la rédemption finale des juifs, puis de l'humanité entière. Il est donc urgent de favoriser un retour aux racines religieuses du judaïsme.

Aux yeux du théologien Emil Fackenheim, enfin, le génocide est l'événement le plus déroutant de l'histoire juive. Il exige du peuple juif un réexamen de la présence de Dieu dans l'histoire. Avec l'extermination, Dieu aurait délivré un 614e commandement : il est désormais interdit aux juifs de donner une victoire posthume à Hitler, ils sont tenus de rester juifs et de résister à la logique de l'anéantissement. Et pour Fackenheim, l'État d'Israël est précisément une réponse de vie nouvelle et de construction face à la mort et à la destruction.

B. La création de l'État d'Israël

De fait, le sort des juifs en Europe a hâté la fondation de cet État, un pays pour les juifs persécutés. La puissance mandataire britannique se retire. En 1947, un plan de partage proposé par l'ONU échoue et Israël est proclamé le 14 mai 1948. La guerre d'indépendance, qui coûte la vie à 6 000 civils et militaires juifs et à 2 000 combattants arabes, prend fin en janvier 1949.

Alors que le pays est encore en guerre, il est décidé qu'il sera une république démocratique et parlementaire de type occidental, laïque, reposant sur le suffrage universel. Néanmoins, le poids d'une mémoire historique rendant problématique l'absolue séparation du fait national et du fait religieux, l'importance des partis orthodoxes et certains aspects de la législation ont abouti à conférer une spécificité religieuse à l'État. Celui-ci n'a pas de Constitution écrite, car aux yeux des religieux, seule la Torah pourrait en tenir lieu. Il ne dispose que de lois fondamentales. Héritant du régime ottoman, il reconnaît l'autonomie interne des groupes confessionnels. Ainsi la gestion des mariages et divorces, pour les juifs, relève-t-elle du rabbinat. Les communautés musulmanes, druzes et chrétiennes administrent de même leurs questions de statut personnel. Larvée ou frontale, l'opposition n'a pas cessé en Israël entre une majorité laïque et un camp orthodoxe soucieux d'imprimer un caractère toujours plus « juif » à l'État. Le sionisme religieux, quant à lui, au grand dam des orthodoxes antisionistes, a intégré à la liturgie traditionnelle une célébration spécifique pour l'anniversaire de l'Indépendance de l'État, conçu comme « le commencement de l'éclosion de notre salut ».

Israël reçoit dès sa fondation des immigrés juifs du monde entier. Son grand problème reste les relations avec les Arabes et la légitimité, à leurs yeux, de son existence. Toute une série de conflits, d'accrochages et de guerres balisent le parcours du jeune État. En 1967, la guerre des Six-Jours se solde par la victoire d'Israël sur tous les fronts et par l'occupation du Sinaï, de la bande de Gaza, de la Cisjordanie (ou Judée-Samarie, avec la vieille ville de Jérusalem) et des hauteurs du Golan. Ce conflit, qui au début a semblé faire planer la menace d'un nouveau génocide, a fortement contribué à renforcer la solidarité des juifs de diaspora à l'égard d'Israël. La victoire est ressentie, y compris par les laïcs, comme un véritable miracle. Et pour certains secteurs religieux-sionistes extrémistes de la population israélienne, l'occupation de la Judée-Samarie, cœur de l'Israël antique, revêt une signification à la fois religieuse et politique. Elle prend place dans le processus messianique commencé avec la naissance du sionisme. La doctrine de la sainteté de la terre d'Israël, où le peuple juif et sa terre, dans son intégralité, font un, revient au centre.

Cependant, dans les années 1960, le nationalisme palestinien s'est organisé avec le Fatah de Yasser Arafat et l'Organisation de libération de la Palestine (OLP), qui ne reconnaissent pas l'existence d'Israël. Le Fatah rejoint l'OLP en 1967. Le Sud-Liban abrite les bases militaires de ces organisations qui engagent la lutte armée contre Israël et qui, dès les années 1970, conquièrent une légitimité auprès des pays arabes et des puissances européennes. En 1973, la guerre du Kippour se solde par une victoire militaire israélienne, mais au point de vue politique, il s'agit d'un échec. Le pays perd sa confiance dans le parti travailliste, ce qui prépare l'arrivée au pouvoir de la droite, pour la première fois dans l'histoire de l'État, en mai 1977. Celle-ci favorise une exacerbation des rêves de « Grand Israël ». Begin restitue le Sinaï à l'Égypte de Sadate, avec qui la paix est signée le 26 mars 1979, mais il intensifie son hégémonie sur la Cisjordanie.

En juin 1982, Israël envahit le Liban pour démanteler les bases politico-militaires de l'OLP et assurer la « Paix en Galilée ». Cette fois, ce n'est pas aux pays arabes, mais aux Palestiniens qu'il livre la guerre. Les massacres des camps palestiniens de Sabra et Chatila, perpétrés en septembre par les phalangistes libanais chrétiens, alors que les troupes israéliennes se trouvent à proximité, portent un grave coup au prestige d'Israël. En décembre 1987, débute la « guerre des pierres », le soulèvement (*Intifada*) des Palestiniens de Gaza et de Cisjordanie. Ni l'État ni l'armée ne sont préparés à un combat de cette nature.

Le 15 novembre 1988, Yasser Arafat proclame la création d'un État indépendant en Palestine et reconnaît implicitement l'existence d'Israël en décembre de la même année. Le

16 janvier 1991, c'est la guerre du Golfe, dans laquelle l'Irak a failli entraîner Israël, mais qui donne un coup de fouet au processus de paix, pendant que l'aile fondamentaliste de la résistance palestinienne, le Hamas, prône la guerre sainte contre l'État juif, et que la droite et l'extrême droite israéliennes manifestent bruyamment leur opposition aux négociations engagées. Le 9 septembre 1993, l'État d'Israël et l'OLP se reconnaissent mutuellement lors des accords d'Oslo. Parallèlement, en octobre 1994, Israël signe un traité de paix avec la Jordanie. Ces avancées considérables n'empêchent pas une recrudescence du terrorisme palestinien, qui coûte la vie à de nombreux Israéliens, et des tensions à l'intérieur d'Israël, dont le sommet est atteint avec l'assassinat, en 1995, par un extrémiste israélien, du Premier ministre Yitzhak Rabin, artisan de la paix avec Yasser Arafat.

La seconde Intifada débute en 2000 et les deux peuples sont une fois de plus dans l'impasse. Actes terroristes, exactions, brimades, destructions, représailles de toutes natures ponctuent l'histoire au quotidien de l'un et l'autre camps. Les Palestiniens subissent les répercussions dramatiques d'une occupation qui dure depuis des décennies. L'évacuation de Gaza en 2005 n'a pas suspendu la poursuite de la colonisation israélienne en Cisjordanie. Et la guerre du Liban de l'été 2006, qui s'est soldée par la mort de plus d'un millier de civils du côté libanais et de quelque 159 citoyens israéliens, dont 39 civils, sous les tirs du Hezbollah, a contribué à l'inexorable dégradation de la situation dans la région.

En 2005, avec 5 237 600 citoyens juifs, Israël abritait un peu plus de 40 % du judaïsme mondial.

C. AUJOURD'HUI

Après la Shoah (le terme hébraïque, signifiant « catastrophe », « destruction », qui s'est progressivement imposé pour désigner le génocide, en Israël mais aussi en France, en raison de l'impact du film éponyme de Claude Lanzmann) et la fondation de l'État hébreu, un autre grand bouleversement du XXe siècle a été la quasi-disparition des foyers de peuplement juif en terre d'islam – à l'exception de la Turquie (environ 18 000 personnes). Des vagues de migration massives se sont dirigées vers la France et Israël, et dans une moindre mesure vers le Canada, dans le sillage de l'accès à l'indépendance des États du Maghreb et du Proche-Orient et du développement du conflit israélo-arabe. Après Israël, c'est aujourd'hui la France qui abrite le plus de juifs d'origine orientale, essentiellement nord-africaine, dans le monde. Entre 1956 et 1967, environ 235 000 juifs d'Afrique du Nord arrivent ainsi dans l'Hexagone. Cette immigration bouleverse le profil de la collectivité juive française. Elle lui insuffle un regain de dynamisme et l'imprègne de nouvelles valeurs : une plus grande religiosité, une conception du judaïsme allant au-delà d'une pratique confinée à la sphère privée, englobant tous les domaines de la vie sociale, et différant de celle, confessionnelle et intégrée, des autochtones. La judaïcité française, décimée par la guerre et vieillissante, s'en trouve revitalisée, une vie juive de plus en plus visible à l'extérieur se développe. Sous l'influence d'une base remuante, les instances représentatives du judaïsme rompent peu à peu avec leur politique traditionnelle de réserve et manifestent une visibilité politique et religieuse collective croissante dans la cité.

Le XXe siècle est par ailleurs le témoin d'une évolution contrastée des relations du judaïsme avec le christianisme et l'islam. Après le génocide, l'Église catholique a engagé une révision de sa position à l'égard des juifs et du judaïsme. Le pape Jean XXIII lance le processus de refonte de l'enseignement chrétien sur les juifs en 1959 et demande l'abandon, dans la célèbre prière pour les juifs, de la mention de la « perfidie judaïque » et des « juifs perfides ». En 1965, la déclaration *Nostra Aetate* n° 4 affirme le lien spirituel entre l'Église catholique et le peuple d'Israël. En 1992, Jean-Paul II publie un nouveau *Catéchisme universel de l'Église catholique* qui adopte un ton nuancé et bienveillant sur les juifs et en 1998, dans *Nous nous souvenons. Une réflexion sur la Shoah*, le Vatican condamne « les interprétations erronées et injustes du Nouveau Testament relatives au peuple juif et à sa culpabilité » qui ont nourri l'hostilité à son endroit, mais nie le lien direct entre antijudaïsme chrétien et antisémitisme nazi. Rupture avec l'« enseignement du mépris », reconnaissance de la judéité de Jésus, abandon de la doctrine de la responsabilité collective du peuple juif dans sa mort, renoncement à la mission de conversion, etc. – cette évolution, également sensible chez les protestants, a favorisé l'éclosion d'un dialogue judéo-chrétien souvent fructueux.

À l'inverse, le développement des nationalismes arabes, la question de Palestine et la création de l'État d'Israël en 1948 ont contribué à une détérioration profonde des relations entre juifs et musulmans. Dans un monde arabo-musulman vidé de ses juifs, un nouvel antisémitisme s'est développé, empruntant ses thèmes à la tradition antisémite occidentale et prenant prétexte du conflit proche-oriental, devenu un bon moyen, aux mains des dirigeants arabes, pour canaliser la colère des masses. Cet antisémitisme est aujourd'hui relayé par les mouvances islamistes radicales, qui lui donnent une tonalité spécifiquement religieuse. Des tentatives, fragiles et encore dispersées, n'en sont pas moins conduites en Occident pour renouer le dialogue.

Trois grands centres du judaïsme mondial se distinguent désormais, travaillés par des tendances diverses : Israël, l'Amérique du Nord et l'Europe, avec un pôle majeur en France, et deux pôles secondaires en Grande-Bretagne et en Russie (pays qui, une fois refermée la sombre parenthèse de l'oppression soviétique, s'est largement vidé de ses juifs, au profit notamment d'Israël).

Israël a développé une culture hébraïque spécifique, largement séculière, mais empruntant beaucoup à l'antique legs traditionnel, sa langue, certains de ses thèmes, des références implicites ou assumées. Ce pays est en outre le théâtre d'affrontements politiques et politico-religieux incessants qui rejaillissent, pour certains d'entre eux, en diaspora, où religieux et séculiers, pro-israéliens irréductibles, juifs « critiques » et antisionistes radicaux (désormais minoritaires) s'affrontent régulièrement.

Les États-Unis, quant à eux, comptent actuellement plus de 5 millions de juifs, avec un faible taux de natalité ; ils y représentent à peu près 2 % de la population totale. Leur niveau de vie moyen se rapproche de celui des éléments les plus anciens et les plus fortunés de la société américaine, les protestants blancs. Le problème qui se pose aux juifs américains tourne autour de leur identité. Comment cette communauté pourra-t-elle lutter contre l'assimilation, avec quelque 40 % de mariages mixtes, dans une société ouverte où l'antisémitisme ne représente aucun enjeu politique ? Face aux courants orthodoxes ou ultra-orthodoxes, les mouvances réformée, *conservative* et reconstructionniste (cette dernière, fondée par Mordecai Kaplan, considérant le judaïsme plus comme une civilisation religieuse évolutive que comme un enseignement et une loi révélés) n'en contribuent pas moins à maintenir vivant un judaïsme novateur, notamment quant à la place des femmes ou des minorités sexuelles dans la gestion à part entière du religieux.

En Europe enfin, et en France particulièrement, un judaïsme divers se maintient, lui aussi inquiet de l'augmentation de l'exogamie, fortement sécularisé, appuyant son identité sur un double attachement à l'existence d'Israël et à la mémoire de la Shoah. Une culture juive spécifique, autonome, peine à s'y construire, alors même que la France a été la terre d'élection et le lieu de développement de la dernière grande philosophie du judaïsme, celle d'Emmanuel Levinas. Certes, les milieux issus du judaïsme nord-africain restent attachés aux traditions et l'on observe un certain regain de religiosité, chez les jeunes notamment. Reste que face aux répercussions du conflit israélo-palestinien sur le sol européen et aux accès d'antisémitisme, d'intensité et de durée variables qui les ont accompagnées, surtout depuis la seconde *Intifada*, beaucoup de juifs français perçoivent leur situation comme fragilisée.

En ce début de XXIe siècle, c'est un judaïsme « à la carte » qui domine, chacun s'aménageant à son gré un système plus ou moins instable de croyances et d'observances. Même le « retour » actuel aux normes les plus orthodoxes, perceptible dans certains milieux en Israël et en diaspora, loin de simplement prolonger la tradition, en réalité la « réinvente ». De fait, s'il y a une constante de l'histoire du judaïsme, une constante qui peut aujourd'hui encore faire croire à son avenir, c'est cette capacité de chaque génération de juifs à le réinventer toujours à nouveau.

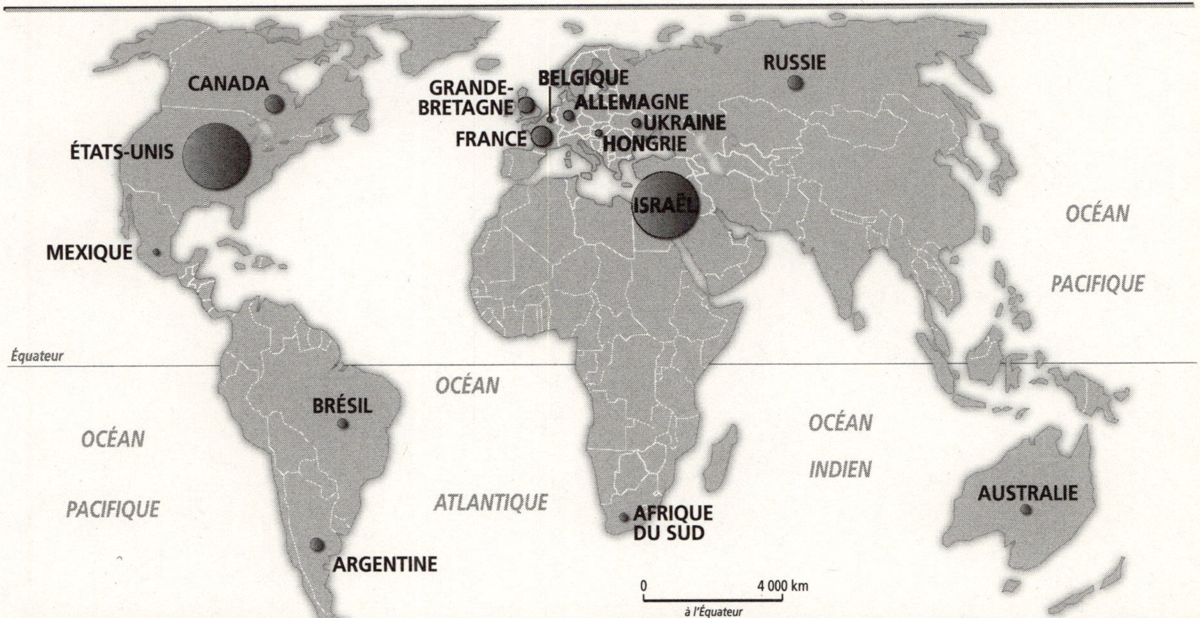

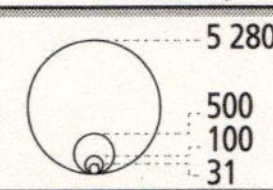

LES 15 PAYS AVEC LA POPULATION JUIVE LA PLUS NOMBREUSE EN 2005

Repères chronologiques

722 av. J.-C.	Les Assyriens rayent le royaume d'Israël de la carte du Proche-Orient antique.
586 av. J-C.	Le royaume de Juda succombe à son tour sous l'assaut des Babyloniens. Destruction du Temple de Jérusalem et déportation de l'aristocratie judéenne en Babylonie.
539 av. J.-C.	Le roi de Perse Cyrus autorise le retour en Judée d'une partie des exilés judéens.
516 av. J-C.	Achèvement de la reconstruction du Temple. La rédaction finale du Pentateuque date probablement de cette période.
332-142 av. J.-C.	La Palestine est placée sous domination hellénistique à la suite des conquêtes d'Alexandre le Grand. Révolte des Maccabées en 167 av. J.-C. Le Temple est purifié et inauguré en 164 av. J.-C.
63 av. J.-C.	Conquête romaine de la Judée.
66-74 ap. J.-C.	Grande révolte juive contre Rome.
70	Destruction du Temple de Jérusalem par les troupes de Titus.
132-135	Dernière révolte juive contre Rome, conduite par Siméon Bar-Kokhba.
Fin du IIe s.	Publication en Judée de la *Michna*, premier code canonique de la Loi orale juive.
Fin du IVe s.	Clôture du Talmud de Jérusalem.

499	Achèvement de la mise en forme du Talmud de Babylone.
VIe-XIe s.	Période « gaonique », de l'hébreu *gaon*, titre porté par les chefs des académies babyloniennes, dont le rayonnement s'étend à l'ensemble du monde juif.
Xe-XIIe s.	Période dite de l'« âge d'or » espagnol, clos par l'invasion almohade (1130-1269).
XIe-XIIe s.	Apogée de l'école talmudique du nord de la France avec Rachi et ses successeurs.
1096	Première croisade donnant lieu à de violentes persécutions antijuives dans la vallée du Rhin.
XIIe- XIVe s.	Entre 1150 et 1250, courant piétiste en Allemagne du Sud et dans la vallée du Rhin. Aux XIIe-XIIIe s., débuts de la kabbale en Provence et Languedoc, puis en Espagne. Aux XIIIe-XIVe s., derniers feux de la philosophie juive en Provence et en Espagne.
Vers 1185	Moïse Maïmonide achève en Égypte son code de la Loi juive.
1215	Le IVe concile du Latran décide le port d'un insigne distinctif par les juifs.
1242 (ou 1244)	Brûlement du Talmud en place de Grève à Paris.
XIIIe s.	Diffusion en Espagne du *Zohar*, chef-d'œuvre de la tradition kabbalistique.
XIIIe-XIVe s.	Ère des grandes expulsions de juifs en Europe.
1391	Vague de persécutions antijuives en Espagne.
1492	Chute de Grenade, dernier bastion musulman en Espagne. Expulsion des juifs d'Espagne.
1516	Création du premier ghetto entouré de murs et de portes à Venise.
XVIe s.	Développement du foyer kabbalistique de Safed. Joseph Karo rédige son code de la Loi juive, le *Choulhan Aroukh*.

1648-1649	Révolte cosaque conduite par Bogdan Khmelnitski, se soldant par de terribles massacres de juifs.
XVIIe s.	Reconstitution d'importantes communautés juives en partie issues de marranes ayant fui l'Inquisition espagnole et revenus au judaïsme dans le sud-est de la France et en Europe du Nord. Crise sabbatéenne. Premières communautés juives au Nouveau Monde.
XVIIIe s.	Naissance à Berlin du mouvement des Lumières juives (*Haskala*). Naissance du hassidisme en Podolie.
Fin du XVIIIe s.	Début des réformes de la condition juive en Europe.
1790-1791	Émancipation des juifs de France
XIXe s.	Période d'intégration des juifs en Europe. Et continuation de l'émancipation en Europe. Naissance en Allemagne des mouvements de la Réforme et, en réaction, de la néo-orthodoxie. La colonisation fait passer les communautés juives du Maghreb sous domination française.
1808-1809	En France, organisation des consistoires.
1840	À Damas, des juifs sont accusés de meurtre rituel. Cette affaire conduit les juifs d'Europe à redécouvrir leurs coreligionnaires orientaux. Naissance de la solidarité juive moderne.
1860	Fondation à Paris de l'Alliance israélite universelle.
1870	Octroi de la citoyenneté française aux juifs d'Algérie par le décret Crémieux.
Années 1880	L'antisémitisme se déploie en Europe.
1882-1904	Première vague d'immigration juive pionnière en Palestine.
1894-1906	Affaire Dreyfus.
1896	Publication de l'*État des Juifs* de Theodor Herzl.

1897	Premier congrès sioniste à Bâle. Création à Vilna du Bund, mouvement socialiste juif qui, par la suite, s'oppose au sionisme.
1903-1906	Nouvelle vague de pogromes en Russie et en Ukraine.
1905	En France, loi de séparation des Églises et de l'État. Les consistoires deviennent des associations cultuelles.
1917	Déclaration Balfour, par laquelle le gouvernement britannique se déclare favorable à la création d'un foyer national juif en Palestine.
1919-1939	Importantes vagues d'immigration en France principalement en provenance d'Europe de l'Est.
1922	La Société des Nations accorde à la Grande-Bretagne le mandat sur la Palestine.
1933	Hitler accède au pouvoir. Les années suivantes, mise en place des lois raciales en Allemagne.
1936	Émeutes arabes en Palestine.
1938	Dans la nuit du 9 au 10 novembre, en Allemagne, c'est la « Nuit de Cristal », immense pogrome au cours duquel les magasins et les appartements des juifs sont pillés, les lieux de culte saccagés.
1939-1945	Seconde Guerre mondiale. Le gouvernement de Vichy décrète le 3 octobre 1940 son statut des juifs. Dans toute l'Europe, pogromes, ghettos, exécutions, déportations, mise en place de camps de concentration, extermination. 5 à 6 millions de juifs sont assassinés. Environ un quart des juifs de France sont anéantis.
Nov. 1945-oct. 1946	Procès de Nuremberg : les criminels de guerre nazis sont jugés par un tribunal militaire allié.
1947	Adoption du plan de partage de la Palestine par l'Assemblée générale de l'ONU.

1947-1949	Guerre d'indépendance d'Israël. Des centaines de milliers de Palestiniens sont contraints à l'exil.
1948	Proclamation de l'indépendance de l'État d'Israël. Création en France de l'Amitié judéo-chrétienne.
Années 1950-1960	Immigration massive en Israël, notamment dans le sillage de la décolonisation du Maghreb. Arrivée en France des juifs d'Algérie et d'une partie des juifs de Tunisie et du Maroc, entraînant une transformation en profondeur de la physionomie du judaïsme français.
1956	Guerre de Suez.
1967	Guerre des Six-Jours. Occupation du Sinaï, de la bande de Gaza et de la Cisjordanie par Israël. La question palestinienne prend une nouvelle tournure et revient sur le devant de la scène.
Années 1970-1980	Effervescence culturelle juive en France dans la foulée de la quête identitaire caractéristique de ces années-là.
1973	Guerre du Kippour.
1979	Traité de paix entre Israël et l'Égypte.
1982	Première guerre du Liban.
1987	Début de la première Intifada.
1990	À partir de cette date, l'émigration des juifs russes en Israël prend un rythme soutenu, à raison de 20 000 par mois. Leur nombre va atteindre le million.
1993	Accords d'Oslo. Reconnaissance mutuelle entre Israël et l'OLP.
1994	Traité de paix entre Israël et la Jordanie.
1995	Jacques Chirac, élu président de la République, prononce le 16 juillet un discours où il reconnaît « la responsabilité de l'État français » et évoque la « faute collective » à l'endroit des juifs pendant Vichy. Mort d'Emmanuel Levinas.
2000	Début de la seconde Intifada.

2001	À partir de l'automne, regain préoccupant d'antisémitisme en Europe, lié à une dégradation accrue de la situation au Proche-Orient.
2005	Évacuation de la bande de Gaza par Israël.
2006	Seconde guerre du Liban (opposant Israël au Hezbollah chiite). Très nombreuses victimes civiles, notamment du côté libanais. Le processus de création d'un État palestinien est dans l'impasse.

BIBLIOGRAPHIE

Michel ABITBOL, *Le Passé d'une discorde. Juifs et Arabes depuis le VIIe siècle*, rééd., Paris, Perrin, coll. « Tempus », 2003.

Jean-Christophe ATTIAS et Esther BENBASSA, *Dictionnaire de civilisation juive*, 2e éd., Paris, Larousse, 1998.

— *Israël, la terre et le sacré*, 2e éd., Paris, Flammarion, coll. « Champs », 2001.

— « Judaïsme », dans *id.* (éds), *Des cultures et des dieux. Repères pour une transmission du fait religieux*, Paris, Fayard, 2007.

— (éds), *Juifs et musulmans. Une histoire partagée, un dialogue à construire*, Paris, La Découverte, 2006.

Élie BARNAVI (éd.), *Histoire universelle des Juifs*, 2e éd., Paris, Hachette Littératures, 2002.

— et Saul FRIEDLÄNDER (éds), *Les Juifs et le XXe siècle. Dictionnaire critique*, Paris, Calmann-Lévy, 2000.

Jean BAUMGARTEN, *Le Yiddish, histoire d'une langue errante*, Paris, Albin Michel, 2002.

— *et al.* (éds), *Mille Ans de cultures achkénazes*, Paris, Liana Levi, 1994.

Esther BENBASSA, « Antisémitisme », Paris, *Encyclopædia Universalis*, 2004.

— *Histoire des Juifs de France*, 3e éd., Paris, Seuil, coll. « Points-Histoire », 2004.

— et Aron RODRIGUE, *Histoire des Juifs sépharades. De Tolède à Salonique*, 2e éd., Paris, Seuil, coll. « Points-Histoire », 2002.

Gérard BENSUSSAN, *Qu'est-ce que la philosophie juive ?*, Paris, Desclée de Brouwer, 2004.

André CHOURAQUI, *Histoire des Juifs en Afrique du Nord*, rééd., Paris, Éditions du Rocher, 1998, 2 vol.

Anne GRYNBERG, *La Shoah, l'impossible oubli*, Paris, Gallimard, coll. « Découvertes », 1995.

Maurice-Ruben HAYOUN, *La Liturgie juive*, Paris, PUF, coll. « Que sais-je ? », 1994.

Charles MOPSIK, *Cabale et cabalistes*, rééd., Paris, Albin Michel, 2003.

Pierre PIERRARD, *Juifs et Catholiques français d'Édouard Drumont à Jacob Kaplan, 1886-1994*, rééd, Paris, Cerf, 1997.

Véronique POIRIER, *Ashkénazes et Séfarades. Une étude comparée de leurs relations en France et en Israël (années 1950-1990)*, Paris, Cerf, 1998.

Renée POZNANSKI, *Les Juifs en France pendant la Seconde Guerre mondiale*, rééd., Paris, Hachette Littératures, coll. « Pluriel », 2005.

David SORKIN, *Moïse Mendelssohn, un penseur juif à l'ère des Lumières*, trad. de l'américain par F. Abergel, Paris, Albin Michel, coll. « Présence du judaïsme », 1996.

Ephraïm E. URBACH, *Les Sages d'Israël, conceptions et croyances des maîtres du Talmud*, trad. de l'hébreu par J. Carnaud, Paris, Cerf-Verdier, 1996.

Geoffrey WIGODER et Sylvie-Anne GOLDBERG (éds), *Dictionnaire encyclopédique du judaïsme*, rééd., Paris, Laffont, coll. « Bouquins », 1997.

Index des noms propres

Librio

843

Composition PCA – 44400 Rezé
Achevé d'imprimer en France par Aubin
en octobre 2007 pour le compte de E.J.L.
87, quai Panhard-et-Levassor, 75013 Paris
Dépôt légal octobre 2007
EAN 9782290002407
1er dépôt légal dans la collection : août 2007

Diffusion France et étranger : Flammarion